Friedrich · Galgóczy

Mit Kindern Stimme und Gesang entdecken

Gerhard Friedrich · Viola de Galgóczy

Mit Kindern Stimme und Gesang entdecken

Musikalisch-ästhetische Bildung bei Kindern

Ein Mitsing-, Mitspiel- und Improvisationsbuch

BELTZ

Dr. habil. Gerhard Friedrich, Dipl.-Pädagoge, ist Lehrer für die Fächer Mathematik, Technik, Pädagogik und Psychologie. Er lehrt als Dozent an der Universität Bielefeld. Gerhard Friedrich ist Hobbymusiker, Buchautor und Spieleerfinder.

Viola de Galgóczy ist Mezzosopranistin und hat ihr Studium an der Hochschule für Musik in Freiburg mit einem Diplom, Aufbau- und Solistenexamen abgeschlossen. Sie unterrichtet seit 2004 Gesang an der Pädagogischen Hochschule in Freiburg. Viola de Galgóczy konzertiert im In- und Ausland in den Bereichen Lied, Oratorium, zeitgenössische Musik, Jazz und Artrock und hat sich zudem als Komponistin, Texterin, Spieleerfinderin und Buchautorin einen Namen gemacht.

Fortbildungsangebote zum Thema »Mit Kindern Stimme und Gesang entdecken«
siehe www.ifvl.de

Lektorat: Cornelia Matz

www.beltz.de
Herstellung: Myriam Frericks
Satz: Druckhaus »Thomas Müntzer«, Bad Langensalza
Druck: Druck Partner Rübelmann, Hemsbach
Illustrationen: Katja Wehner, Leipzig
Zusätzliche Texte: Cornelia Matz
Notensatz, musiktechnische Zeichnungen: Viola de Galgóczy
Umschlaggestaltung: glas ag, Seeheim-Jugenheim
Umschlagabbildung: Katja Wehner, Leipzig
Printed in Germany

ISBN 978- 3-407-62657-8

Inhalt

43

Vorwort

Über die Notwendigkeit musikalischer Bildung und Erziehung

»Die Musik drückt das aus, was nicht gesagt werden kann und worüber zu schweigen unmöglich ist.«

Dem französischen Schriftsteller und Philosophen Victor Hugo (1802–1885) gelang es in diesem Aphorismus sehr eindrucksvoll, Musik als essenzielle Grundform menschlicher Äußerung zu beschreiben.

Musik ist demnach eine Sprache, die Unaussprechliches verlautbaren kann, eine Kunstform, die uns beispielsweise hilft, das widerzuspiegeln, was uns umgibt und beschäftigt. In ihrer Vielschichtigkeit zeigt sie sich als direkter Ausdruck von Gefühlen, als klingende Momentaufnahme, aber auch als sorgfältig ausgeklügeltes Konstrukt und Kompositionsgebilde, als vergängliche Zeitkunst, als eine mehr oder weniger kunstvolle Ansammlung von Schallwellen, die uns vornehmlich übers Gehör, jedoch auch über unsere feinsensorische Wahrnehmung direkt berühren und stimulieren kann.

Neben Mathematik und Physik ist sie *das* Ausdrucks- und Kommunikationsmedium, welches weltweit verstanden wird und das es vermag, Menschen auch kulturell zusammenzuführen.

Tatsächlich gibt und gab es keine menschliche Kultur ohne Musik. Musik ist bei allen Völkern dieser Erde zentraler Bestandteil ihres kulturellen Lebens, sie ist eine Grundform menschlicher Äußerung. Wir können davon ausgehen, dass die Disposition zur Musik, also die »Anfälligkeit für alles Musikalische«, uns Menschen ebenso angeboren ist wie die Veranlagung zur Sprache.

Eine Konsequenz dieser Gegebenheit ist, dass jeder Mensch musikalisch geboren wird und dies auch lebenslang bleibt. Kinder müssen also nicht »musikalisiert« werden, denn sie sind und handeln von Geburt an musikalisch.

Es stellt sich jedoch die Frage, ob dieser musikalische Wesenszug, diese Befähigung zur Musik, in uns allen lediglich ein wunderbares, aber letztlich doch nur überflüssiges Geschenk der Biologie an uns alle ist? Zwar »eine Gabe und ein Geschenk Gottes«, wie Martin Luther (1483–1546) es formulierte, aber eben ein aus heutiger, zweckrationaler Sicht zeitverschwenderisches Mitbringsel aus früheren Zeiten? Wäre dem tatsächlich so, wäre jedwede musikalische Früherziehung reiner Luxus bzw. unnötige Liebhaberei, und es wäre besser, Kinder anstatt mit Singen und Musizieren mit Mathematik, Informatik, Naturwissenschaften und Technik in Berührung zu bringen. Den Nutzen dieser sogenannten MINT-Fächer (MINT ergibt sich aus den Anfangsbuchstaben der vier aufgezählten Wissenschaften) wird kaum jemand ernsthaft bestreiten wollen.

Beobachtet man die bildungspolitische Realität, könnte man den Eindruck gewinnen, dass diese völlig irrige These eine große Überzeugungskraft ausstrahlt. Tatsache ist, dass sowohl die musikalischen Beschäftigungszeiten als auch der für Kinder aus allen sozialen Schichten zugängliche *kostenlose* Musikunterricht in Kindergärten und allgemeinbildenden Schulen immer weiter zurückgeschraubt werden. Ebenso erfährt die musikpädagogische Ausbildung an vielen Bildungsstätten horrende Kürzungen. Hinzu kommt, dass fachfremde Lehrkräfte dazu »verdonnert« werden, zusätzlich Musik zu unterrichten, da in der Regel leider nicht genügend Musikpädagoginnen und Musikpädagogen eingestellt werden. Mit größtem persönlichem Einsatz ist man bemüht, über Fortbildungsmaßnahmen oder Selbststudium innerhalb kürzester Zeit einen halbwegs professionellen Zugang zum Unterrichtsfach Musik zu erlangen. Die Vermittlung musikalischer Bildung kann jedoch nur dann optimal gelingen, wenn sie musikpädagogisch fundiert ist und über Jahre hinweg sorgfältig studiert werden konnte.

Der mühsame Spagat zwischen Anspruch und Wirklichkeit erschwert die musikpädagogische Arbeit zusehends, und es stellt sich uns die Frage, welchen Wert wir, das heißt unsere Gesellschaft, unserer Musikkultur zukünftig beimessen wollen. Und dabei steht doch fest, dass gerade eine musikalische Erziehung neben ihrem ästhetischen Selbstzweck gesellschaftlich höchst wichtige Werte fördert und kultiviert.

Transfereffekte wie beispielsweise die Unterstützung kindlicher Persönlichkeitsentwicklung und Selbstfindung durch den Umgang mit Musik, die Einübung angemessenen Sozialverhaltens durch musikalische Interaktion, die direkte, unmittelbare Erfahrung und Ausbildung ästhetischer Werte und kultureller Identität, die begleitende Förderung mathematischer und sprachlicher Entwicklung in Kindergarten und Vorschule, die Herausbildung einer kommunikativen, sich gegenseitig zuwendenden Wir-Mentalität innerhalb unserer egoistisch-individualistisch geprägten Gesellschaft, die Entwicklung und Stärkung der eigenen Kreativität, um nur einige wenige Punkte zu nennen, sollten von bildungspolitischer Seite her wesentlich mehr als bisher unterstützt werden.

Vokalpädagogik zwischen Anspruch und Wirklichkeit

Innerhalb des soeben beschriebenen Spannungsgefüges gibt es vielerlei vokalpädagogische Ansätze, die alle zum Ziel haben, die kindliche und jugendliche Stimme in ihrer jeweiligen individuellen Entwicklungsphase zu unterstützen und auszubilden und dabei gleichzeitig chorisches sowie solistisches Singen innerhalb vieler verschiedener musikalischer Stilrichtungen zu ermöglichen und zu fördern.

Diese vokalpädagogische Arbeit umfasst unterschiedlichste Aspekte. Sie reicht von stimmbildnerischen Übungen wie Körperarbeit, Arbeit an vokalem Klang, musikalischem Ausdruck und Intonation über musiktheoretische Grundlagen wie Noten- und Intervalltraining, musikgeschichtliche Inhalte und stilistisch angemessene, gefühlvolle Interpretation bis hin zur individuell geprägten, selbstsicheren und angemessenen Präsentation coram publico.

Dies alles – und noch vieles mehr – in kürzester Zeit, beispielsweise innerhalb eines einzigen Jahres zu vermitteln, kann kaum gelingen. Daher ist im Bereich Vokalpädagogik eine konstante, über mehrere Jahre hinweg aufbauende Arbeitsweise notwendig.

Bedenken wir dabei, dass innerhalb dieser vokalpädagogischen Arbeit mit Kindern und Jugendlichen sensibelste Bereiche wie etwa Persönlichkeitsentwicklung, ureigenste Gefühlswelten, individueller Musikgeschmack berührt werden und gleichzeitig die Notwendigkeit und der Anspruch einer stilistisch breit angelegten Gesangsausbildung besteht, kann nur annähernd ermessen werden, wie wünschenswert es wäre, dass auch die gesangspädagogische Ausbildung im Bereich Kindergarten und Grundschule umfassender, vielseitiger und über einen größeren Zeitraum hinweg als bisher gestaltet sein sollte.

Singen weckt Gefühle und macht Kinder glücklich – Kleine Neurobiologie der Musik

Singen, ob alleine oder in der Gruppe, ergreift stets den ganzen Menschen. Singen erhöht unsere Lebensfreude und macht uns glücklich.

Kommen wir noch einmal zurück auf Martin Luther. Für ihn stand schon vor 500 Jahren fest: »Musik vertreibt auch den Teufel und macht die Leute fröhlich.« Wie recht er hatte, wird in unseren Tagen durch die aktuelle Hirnforschung dank moderner Untersuchungsmethoden bestätigt. Gemeint sind hier vor allem die sogenannten bildgebenden Verfahren, die es erlauben, die Strukturen des Gehirns sowie dessen Funktionen nicht invasiv, dass heißt also ohne äußere Eingriffe, in Aktion abzubilden. Wir können also quasi dem Gehirn beim Musikhören, Musizieren, Denken und Lernen von außen zuschauen.

Für unsere Betrachtung ist zunächst eine Struktur von ganz besonderer Bedeutung, die »Limbisches System« genannt wird und uns Gefühlszustände wie Wut, Angst, Freude, Lust und Unlust ermöglicht. Dieses funktionelle Nervenzellnetzwerk besteht aus einer Ansammlung verschiedener komplizierter Teilstrukturen und hier insbesondere aus dem Hippocampus (er spielt eine zentrale Rolle bei der Bildung und Verarbeitung von Erinnerungen), dem Hypothalamus (er kontrolliert unter anderem die Hypophyse und damit die Hormonlage des Körpers) und einem wichtigen Kern des sogenannten Belohnungszentrums, dem Nucleus accumbens (»anliegender Kern«) sowie der Mandelkerne, auf die wir gleich zu sprechen kommen.

Das »Limbische System« befindet sich anatomisch unterhalb der Großhirnrinde im Grenzgebiet zwischen Hirnstamm und Endhirn. Man könnte auch sagen, es befindet sich quasi in der Mitte unseres Gehirns und umgibt den Hirnstamm wie ein Saum (lat.: *limbus*), woher auch der Name rührt. In der Fachliteratur ist der Begriff des »Limbischen Systems« bzw. der limbischen Funktionen funktionell und anatomisch zwar nicht ganz eindeutig definiert. Unstrittig ist jedoch, dass alle unsere emotional-affektiven Zustände mit diesen tief unterhalb der Großhirnrinde liegenden neuronalen Gebieten in Verbindung gebracht werden.

Alle einlaufenden sensorischen Signale – also auch die musikalischen – durchlaufen zunächst diese limbischen, emotionalen Regionen, bevor sie auf die bewusstseinsfähigen rationalen Zentren der Großhirnrinde treffen. Dies ist insofern wichtig, als dieses System demjenigen Teil unserer Großhirnrinde, welches z. B. für bewusste Vorgänge, kognitive Prozesse, planvolles Handeln oder willkürliche Ausführung von Bewegungen primär zuständig ist, vorgeschaltet ist. Im Orchester neuronaler Verarbeitung spielt das gesamte »Limbische System« deshalb zumindest zeitlich die erste Geige, denn jede eintreffende Information wird zuerst emotional gefärbt und durch früher abgelegte Gedächtnisinhalte, also Erinnerungen, bewertet. Hören wir Musik, werden wir zeitlich zuerst emotional angesprochen, bevor wir die Musik kognitiv und ganz bewusst wahrnehmen. Musik spricht uns deshalb immer auch emotional an.

Zwei sehr elementare emotionale Zustände sind Angst und Furcht. An der Entstehung dieser Emotionen zentral beteiligter Teil des »Limbischen Systems« ist die bereits erwähnte Amygdala, auch Mandelkern genannt, bzw., da es sich um zwei Kerngebiete handelt, die beiden Mandelkerne (lat.: *Corpora Amygdalea*). Sie spielen die wichtigste Rolle bei der emotionalen Bewertung und Wiedererkennung von Situationen sowie der Analyse möglicher Gefahren. Sind deren zentrale Gebiete aktiv, wird im Körper ein sogenanntes *Fight-or-Flight*-Verhalten ausgelöst, welches bewirkt, dass das Gehirn schlagartig Adrenalin freisetzt, welches den Herzschlag, den Muskeltonus, den Blutdruck und die Atmungsfrequenz erhöht. Diese innerhalb kürzester Zeit bereitgestellte Kraftreserve liefert uns Energie, um entweder zu kämpfen oder zu fliehen. Wir kennen diesen Zustand auch unter dem Begriff *Angstreaktion*. Bei der Aktivierung der Mandelkerne ändert sich aber nicht nur schlagartig unsere körperliche Verfassung, sondern auch unser Denkstil, und wir fokussieren in unseren Gedanken ausschließlich Flucht- und Kampfreaktionen. Kreatives, kognitiv ausschweifendes Denken wird augenblicklich unterbunden. Dieses neuronale Programm – subjektiv empfinden wir dabei Angst – war und ist natürlich in einer physischen Gefahrensituation, z. B. einer Bedrohung durch wilde Tiere, einerseits zweckmäßig. Andererseits kann sich dieses *Fight-or-Flight*-Verhalten in einer psychischen Angstsituation, z. B. einer mündlichen Prüfung, wo kreative Lösungsstrategien benötigt werden, höchst kontraproduktiv auswirken. Seit geraumer Zeit steht fest, dass Musik die Aktivität der Mandelkerne herunterzuregeln oder gänzlich lahmzulegen vermag. Hören oder singen und musizieren wir, werden die Mandelkerne deaktiviert und unsere Ängste werden vertrieben.

Dies dürfte auch der Grund dafür sein, warum wir kleinen Kindern zur Beruhigung Lieder, z. B. abends vor dem Einschlafen Wiegenlieder, vorsingen. Interessanterweise klingen die Wiegenlieder weltweit alle sehr ähnlich, was wir als Hinweis deuten können, dass sie bereits früh in der Geschichte der Menschheit entstanden sind. Auch das Angst vertreibende Singen beim Hinabsteigen in den dunklen Keller lässt sich auf diese Weise erklären. Und wenn auf Partys unter vielen fremden Menschen Musik läuft, werden wir weniger ängstlich sein, diese anzusprechen. Wir selbst können die Aktivität unserer Mandelkerne durch Singen oder Musikhören drosseln, wenn wir beispielsweise im Dunkeln allein sind und nach Hause laufen. Das Singen oder Pfeifen eines kleinen Liedes kann in Angst machenden Situationen Wunder wirken.

Und so ist es auch erklärbar, warum die Menschen stets sangen, wenn sie in den Krieg zogen. Musik kann also auch für destruktive Zwecke missbraucht werden. Singen hatte und hat deshalb leider gerade in Kriegszeiten Hochkonjunktur. Politisch gefärbte Lieder jedweder Couleur haben unserer Meinung nach jedoch nicht mehr viel mit »Musik machen« oder gar »Singen« zu tun. Musik wird in diesem Zusammenhang lediglich als emotional höchst wirksame Trägersubstanz für dem ästhetisch-freidenkerischen Wesen der Musik völlig zuwiderlaufende Inhalte missbraucht. Wir sollten unsere Kinder damit verschonen.

Doch zurück zu unserer ursprünglichen Behauptung, die wir noch weiter untermauern wollen: Singen beruhigt, vertreibt die Angst und senkt messbar den Stresshormonspiegel.

Neurobiologisch gesehen ist dabei die Wirkung der Musik, also die Aktivitätsunterdrückung der Mandelkerne, noch längst nicht vollständig beschrieben. Musik vermag nicht nur unsere Ängste zu unterdrücken, sondern sie aktiviert parallel dazu auch noch unsere Motivationssysteme, die wichtigsten »Gegenspieler« der Mandelkerne. Insgesamt stellt dieser mesolimbische Angst- und Furchtgegenspieler unser sogenanntes Belohnungssystem dar. Dieses spielt den Hauptpart, wenn wir uns gut, glücklich und motiviert fühlen.

Musik – und insbesondere das gemeinsame Singen – vermag es hervorragend, diese zentrale Schaltstelle des Belohnungs- und Motivationszentrums zu aktivieren, deren wichtigster Kern neben einigen weiteren Strukturen, etwa dem ventralen tegmentalen Areal (VTA), der bereits erwähnte Nucleus accumbens ist. Hierbei spielen vor allem drei Botenstoffe eine Rolle, deren Kombination von Joachim Bauer in seinem Buch »Lob der Schule« als »geradezu geniales Trio« bezeichnet wird. Wir zitieren: »Motivationsbotenstoff Nummer Eins ist das Dopamin, eine Art Dopingdroge, die Lust macht, etwas zu tun, uns anzustrengen und Leistung zu zeigen. Botenstoff Nummer Zwei sind die körpereigenen Opioide, die dafür sorgen, dass wir uns körperlich und seelisch gut fühlen. Botenstoff Nummer Drei ist Oxytozin, eine hochinteressante Substanz, die uns bestimmten Menschen besonders verbunden fühlen lässt und uns dazu animiert, uns für sie besonders einzusetzen. Gemeinsam bilden die Leistungsdroge Dopamin, die Wohlfühldrogen aus der Gruppe der Opioide und das ›Freundschaftshormon‹ Oxytozin ein geradezu geniales Trio. Menschen, die von ihrem Gehirn mit dieser ›Mixtur‹ ausreichend versorgt werden, haben Lust aufs Leben, sind bereit, gemeinsam mit anderen etwas auf die Beine zu stellen und wollen den Erfolg ihrer Taten genießen« (Bauer 2007, S. 21).

Es verwundert nicht, dass Bauer zu dem Ergebnis gelangt, in unseren Schulen sollen mehr Musik und Bewegung praktiziert werden (Bauer 2007, S. 42).

Musik dürfte demnach eine der wenigen »gesunden« Drogen sein, die uns Menschen solch einen doppelten Effektschub verabreichen, nämlich sowohl unsere Angst- und Furchtsysteme lahmzulegen und parallel dazu unser Belohnungs- und Motivationssystem anzukurbeln.

Fragt man nach dem bildungsbezogenen und erzieherischen Wert, so wird deutlich, dass wir neurobiologisch gesehen sogar in der Pflicht stehen, Kindern eine musikalische Grundbildung mit auf den Weg zu geben.

Die Stimme – unser unmittelbarstes Instrument

Vom Geburtsschrei an stellt unsere Stimme ein wichtiges Kommunikationsmittel dar. Zunächst teilen wir unsere Wünsche und Empfindungen unserer Umgebung lautstark und unüberhörbar mit. Nach und nach lernen wir, gehörte Laute und Sprechmelodien nachzuahmen, schließlich beginnen wir, selbstständig Worte zu formen, zusammenhängende Sätze zu bilden und über die gelernte Sprache mit unserer Umgebung zu kommunizieren.

Schon während des Erlernens unserer Muttersprache finden erste Ansätze von Vokalmusik statt: Wir hören zu, nehmen das Gehörte in uns auf, bilden innere Hörvorstellungen, ahmen das Gehörte mit unserer Stimme nach. Hohe und tiefe Geräusche, laute und leise, lange und kurze Töne, dynamisch an- und abschwellende Laute, melodisch konsonant oder auch dissonant klingende Satzgebilde (Sprechmelodik), interessante Geräusche aus unserer Umgebung bannen unsere auditive Aufmerksamkeit und veranlassen uns, unsere Stimmbänder in Schwingung zu versetzen und so mit dem Gehörten zu interagieren.

Um die sprachliche, persönliche und musikalische Entwicklung eines Kindes von Anfang an zu fördern, empfiehlt es sich, möglichst viel gemeinsam zu singen, Reime und Gedichte zu rezitieren, Texte vorzulesen und auch stimmlich-spielerische Experimente zu wagen, das heißt, mit der Stimme zu improvisieren.

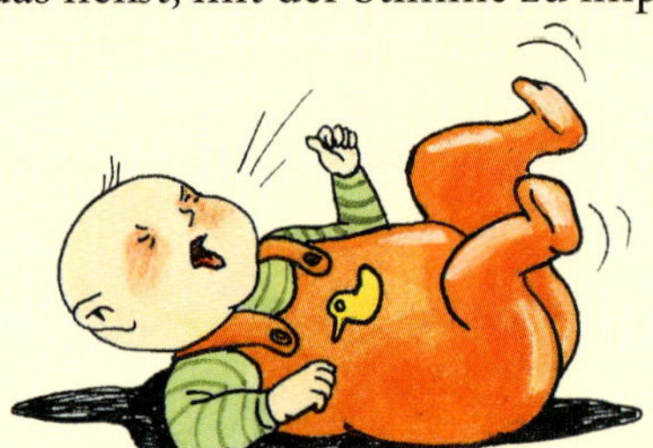

Neue vokalpädagogische Angebote im Buch

Das Arbeitsmaterial, das Ihnen mit diesem Buch vorliegt, ist nicht allein dazu gedacht, Ihnen einige neue Lieder zur raschen Umsetzung in Vor- und Grundschule an die Hand zu geben. Sicherlich ist Ihnen eine große Vielzahl an wunderbaren Liedern jeglicher Stilrichtung bekannt, oder Sie haben sich im Laufe Ihrer musikalischen Ausbildung ein bestimmtes Repertoire für Ihre jeweilige Vokalarbeit mit Kindern und Jugendlichen aufgebaut und zusammengestellt.

Uns interessiert vielmehr der *improvisatorische Aspekt* innerhalb der Kunstform Musik, der bei der zeitlich knapp bemessenen Musikausbildung leider oft viel zu kurz kommt. Und dabei ist doch gerade die Improvisation ein spannendes, kreatives Element! Viele klassische Kompositionen sind durch vorheriges Improvisieren erst entstanden. Schon früh wurden frei gestaltbare Kadenzen zum Spielfeld musikalisch-künstlerischer Ausdrucksfreude. Ob historische »Alte« oder »Neue« kontemporäre Musik, ob klassische Musik mit all ihren vielfältigen geschichtlichen, formalen und stilistischen Ausprägungen, internationale Volksmusik oder die sogenannte U-und E-Musik mit ihren im Blues verwurzelten Strömungen wie etwa Jazz, Pop, Rock oder Folk – überall lassen sich improvisatorische Elemente entdecken.

Anleitungen zur Vokalimprovisation sind leider auch heute noch rar gesät, und dabei kann gerade der Zugang zur instrumentalen Musikimprovisation über unser unmittelbares, individuell gefärbtes Instrument Stimme rasch, spielerisch und unkompliziert gelingen. Wir hoffen, dass wir mit unserem Buch bei Ihnen »viele offene Türen einrennen« und wünschen Ihnen und Ihren Kindern viel Freude beim Singen und Improvisieren.

Erzähle mir etwas!

Text/Komposition: Viola de Galgóczy

Wer hat heute eine spannende oder lustige Geschichte erlebt und mag sie erzählen? Alle singen gemeinsam das kleine Lied, lauschen den Geschichten und untermalen die jeweiligen Abenteuer mit improvisierten Geräuschen.

Über den Umgang mit dem Buch

Grundsätzliches zum Stimmgebrauch

- Unsere Stimmbänder sind einzigartig und nicht zu ersetzen.
- Bei Erkältung oder heiserem und überluftetem Stimmklang bitte keinesfalls singen!
- Bitte achten Sie darauf, dass sämtliche Übungen und Improvisationen in einer angenehmen, gut durchhörbaren Lautstärke ausgeführt (und keinesfalls gebrüllt) werden.
- Falls Ängste auftauchen, bitte kein Kind zum Singen oder Improvisieren drängen, sondern es einfach mit einer anderen Aufgabe betrauen, beispielsweise mit Mitklatschen, Zuhören und Nacherzählen, oder es als Statist mitspielen lassen. So kann sich gesundes Selbstvertrauen langsam und ungezwungen aufbauen, und bald wird das spielerisch-vergnügte Miteinander auch dem schüchternsten Kind die ersten gesprochenen, gesungenen und improvisierten Töne entlocken.
- Viele Kinder und Jugendliche ahmen die Stimmen ihrer Stars nach und zwingen dabei – um zu gefallen – ihren eigenen Stimmapparat in die falsche Richtung. Jeder Mensch hat eine einzigartig und unverwechselbar klingende Stimme, mag sie hell oder dunkel angelegt sein, laut oder leise, dramatisch oder lyrisch, hoch oder tief. Unser Buch möchte dazu anregen, diesen ureigensten Stimmklang immer wieder neu zu suchen, unabhängig von einschlägigen Klangmustern zu trainieren und mutig-kreativ einzusetzen.

Improvisation mit der Stimme

Der Begriff »Improvisation« kommt aus dem Lateinischen und bedeutet so viel wie »unvorbereitete Handlung, etwas aus dem Stegreif Dargebotenes«. Der improvisatorische Akt beinhaltet verschiedenste Facetten unserer ureigensten Persönlichkeit wie beispielsweise unsere Fantasie, unsere Erfahrungswerte, unsere jeweiligen Gefühlszustände sowie unser praktisches Können und spiegelt diese direkt nach außen.

Dieses Sichöffnen benötigt anfangs ein bisschen Mut, wirkt jedoch ungemein befreiend. Sich einer Gemeinschaft zu öffnen, sich gegenseitig mit Kreativität anzustecken, gemeinsam musikalisch zu experimentieren, dabei voneinander zu lernen und sich gegenseitig zuzuhören schafft unübertrefflich schöpferische, wunderbar freudvolle, spannende und fantastische Momente, die mit nichts zu vergleichen sind, außer mit purer Lebensfreude und unmittelbarem Sein im Jetzt und Hier.

Albert Einstein (1879–1955) sagte über die Fantasie, sie sei »wichtiger als Wissen, denn Wissen ist begrenzt«. Natürlich ist es von unbestreitbarem Vorteil, sich im Laufe seines Lebens viel Wissen anzueignen. Aber sich von ureigensten Fantasien beflügeln zu lassen, diese in die Welt hinauszutragen und musikalisch zu interagieren kann uns dahin führen, diese Welt immer wieder neu zu erleben und nach unserer Vorstellung kreativ zu gestalten.

Auch beim Singen geht es stets darum, innere Hörvorstellungen nach außen zu tragen. Schon das Improvisieren einer kleinen Melodie ist dicht verknüpft mit unserer musikalischen Fantasie: Höhe, Dynamik, Agogik, Verlauf, Gefühl, innere Bilder, begleitende Silben oder Worte usw. verbinden sich zu einer aus dem Augenblick heraus geborenen, mehr oder weniger musikalisch klingenden Einheit.

Dass dabei alles sofort »schön« oder »wohlgeordnet« klingen mag oder gar muss, steht nicht im Vordergrund. Eine etwas chaotisch verlaufende Improvisation kann leicht geführt, anschließend analysiert, behutsam und einfühlend korrigiert und gemeinsam wiederholt werden. Schon die erste Wiederholung zeigt die Unwiederholbarkeit musikalischer Improvisation auf, Musik ist und bleibt Zeitkunst. Dies zu erleben, immer wieder neue, unwiederholbare musikalische Zeitzeichen in den Zeitstrom der Gegenwart zu setzen und sich an deren Klängen zu erfreuen ist höchstes schöpferisches Vergnügen.

Die fortlaufende Beschäftigung mit Vokalimprovisation fördert über dieses Vergnügen hinaus verschiedenste sängerisch-musikalische Grundwerte. Neben der rein körperlichen Tongebung werden vokale Klangästhetik, Spontaneität, gegenseitiges aufmerksames Zuhören, musikalisches Zusammenspiel, gefühlsbetonte Ausdrucksweise und künstlerisches Selbstbewusstsein für alle musikalischen Stilrichtungen und Bereiche geschult.

Die enge Verbundenheit von Sprache und Musik (improvisiert-geplapperte Scat-Silben, feinsinnig interpretierte Lyrik, lustig in Szene gesetzte Prosatexte) beim Singen fördert zudem die kindliche Sprachentwicklung, eine der wichtigsten Grundvoraussetzungen für ein erfolgreiches, zufriedenes und erfülltes Leben in unserer Gemeinschaft. Darüber hinaus überträgt sich diese musikalisch-kreative Arbeitsweise auf unser ganzes Denken, Fühlen und Handeln und kann unsere Kreativität auch in anderen Bereichen wie z. B. den oben genannten MINT-Fächern befruchten.

Stimme und Bewegung – Improvisationstheater

Unser Körper ist unser Instrument. Zusätzlich zur rein klanglichen Ebene bietet sich uns die Möglichkeit der beweglichen Untermalung des Gesungenen. Gestik und Mimik können – aber müssen nicht – unseren improvisatorischen Ausdruck verstärken. Ob ein vokales Ereignis eine bewegungsintensive Darstellung benötigt oder neben sich dulden mag, hängt von der jeweiligen musikalischen Situation ab. Den kindlichen Bewegungs- und Nachahmungsdrang aufzugreifen und für Vokalimprovisationen spielerisch einzusetzen ist sehr hilfreich, Mut machend, klanglich oft unterstützend und für den künstlerischen Ausdruck meist wertvoll.

Im Bereich Früherziehung und darüber hinaus im Theater- und Tanzbereich gibt es unüberschaubar viele schöne Angebote, mit Kindern gleichzeitig Musik und Bewegung umzusetzen. Deshalb gestatten Sie uns hier nur eine kurze Erläuterung zum Begriff »Improvisationstheater«.

Das Improvisationstheater hat seinen Ursprung unter anderem in der mittelalterlichen Spieltradition der Commedia dell´Arte. Bunt zusammen gewürfelte Wanderschauspieltruppen in und um Venedig und Neapel führten ursprünglich italienische Volkskomödien auf, deren Figuren, Masken und Handlungsgerüste bestimmten dramaturgischen Richtlinien folgten, aber auch Raum zur Improvisation boten. Jede

Schauspielerin und jeder Schauspieler war auf eine bestimmte Figur festgelegt, innerhalb der relativ offen gehaltenen Szenenfolgen konnten diese Rollen durch beispielsweise freche Texteinschübe, Interaktionen mit dem Publikum oder durch neu einstudierte Mimik und Gestik immer wieder abgewandelt und improvisiert werden. Über ganz Europa verbreitet beeinflusste die Commedia dell'Arte verschiedenste Theaterformen und erfreut sich heute mit ihren berühmten Figuren wie etwa dem närrischen »Arlecchino«, dem gelehrten »Dottore«, der verführerischen »Colombina«, den verliebten »Innamorati« oder dem geizigen »Pantalone« wieder großer Beliebtheit.

Das heutige Improvisationstheater ist sehr offen gehalten und bedient sich der Stegreifimprovisation. Ähnlich wie bei der freien Vokalimprovisation, der meist nur noch – wenn überhaupt – ein kurzes musikalisches Thema oder ein einzelnes Wort zugrunde liegt, wird von den improvisierenden Schauspielerinnen und Schauspielern spontan, also aus dem Stegreif, in Szene umgesetzt, was beispielsweise das Publikum als Begriff vorgeben mag.

Beim Umsetzen der Lieder und Improvisationsangebote im Buch sind beide Formen des Improvisationstheaters angemessen. Die Strophenlieder geben bestimmte Rollen vor, die vorab gemeinsam besprochen oder sogar choreografisch erarbeitet werden könnten, die freieren Improvisationen verlangen einen spontaneren Umgang mit Mimik, Gestik und Bewegung. Auch hier gilt es, der eigenen Fantasie Raum zu lassen und jeweils dicht an den gesungenen Momentaufnahmen entlang zu improvisieren.

Vorbereitend für unsere sängerisch-spielerische Arbeit mit Kindern wäre es von Vorteil, eine Klamottenkiste mit verschiedensten einfachen Kleidungsstücken zusammenzutragen und eine bunte Sammlung an selbst gebastelten Masken zu erstellen. Tücher, verschiedenster Kopfputz, Stoffreste und Faschingsutensilien könnten das Sammelsurium hilfreich ergänzen, und im Handumdrehen ist eine Kindergruppe theaterreif verkleidet.

Weitere Anregungen

- Manche Texte gefallen Ihren Kindern nicht: Gemeinsam neue Texte erfinden macht Spaß!
- Manche Melodie mag »komisch« klingen: Dann erfinden Ihre Kinder rasch eine neue!
- Eine Improvisation mündet ins Chaos: Lenken Sie das Chaos durch freies Dirigieren in geordnetere Bahnen.
- Blackout beim Improvisieren: Sie können die Lücke mit Bekanntem überbrücken (Melodie/Lyrik) oder über die Worte »Oje, mir fällt grad gar nichts ein!« lustig improvisieren.

- Etwas ist für Ihre Kinder zu schwierig oder zu einfach: Passen Sie die Aufgabenstellungen ihren Erfordernissen an.
- Ihre Kindergruppe ist zu groß: Bilden Sie mehrere kleine Gruppen und lassen Sie sie sich gegenseitig zuhören.
- Zu viel Informationen auf einmal: Tasten Sie sich langsam vor, und probieren Sie beispielsweise die Einsinganleitungen zuerst in Ruhe selbst aus, bevor Sie sie gemeinsam mit Ihren Kindern umsetzen.
- Sie selbst kommen mit einer Übung oder Improvisationsanleitung nicht zurecht: Wir freuen uns über Ihre Rückmeldung und sind gerne bereit, weiterzuhelfen (www.ifvl.de).

An dieser Stelle möchten wir uns ganz herzlich bei all denjenigen bedanken, die uns während der Arbeit an diesem Buch mit Rat und Tat zur Seite standen: Hanna de Galgóczy für fantasievolle Reime und pädagogisches Know-how, Cornelia Matz für hervorragende Lektorats-Arbeit, Christoph Schwartz und Clemens Ummenhofer für fachliche Beratung sowie allen Musikerinnen und Musikern, die zum Gelingen der CD beigetragen haben.

Nun wünschen wir Ihnen und Ihren Kindern viel Vergnügen beim Singen und gutes Gelingen bei der kreativen Umsetzung unserer Lieder und Improvisations-Anleitungen!

Ihre Viola de Galgóczy und Gerhard Friedrich

Erste Übungen zum Gebrauch der Stimme

Gerade in unserer immer hektischer werdenden Welt, in der schon von frühester Kindheit an hohe Anforderungen an uns gestellt werden, in der Gemeinschaft zu funktionieren, ständig Neues zu lernen, uns aktiv einzubringen und auf eigenen Beinen sicher zu stehen, stellt die Beschäftigung mit unserer Stimme eine große Bereicherung dar. Wir lernen uns und unseren Körper auf behutsame, einfühlende Weise täglich neu kennen, arbeiten mit allen uns zur Verfügung stehenden Sinnen am Wohlklang der eigenen Stimme und tragen diesen – und damit einen sehr persönlich gefärbten Teil von uns – freudvoll und kommunikativ in die Welt hinaus.

Körperhaltung

Unser Körper als unmittelbares Instrument sollte möglichst locker und gleichzeitig positiv gespannt ausgerichtet sein. Fürs Singen geht es uns weniger um eine sportlich hochaktive, als vielmehr um eine sanft aktivierende, in sich selbst hineinspürende Gewahrwerdung des eigenen Gesangapparats.

Um sich in eine geeignete Singposition zu versetzen, gibt es sehr viele verschiedene Übungen, von denen wir hier einige kurz vorstellen möchten.

Sicherer Stand: Der Kontakt unserer Fußsohlen zum Boden kann durch folgende Übungen spielerisch und einfühlend zugleich aufgebaut werden:

- auf einem Bein stehen, mit dem jeweils anderen Fußgelenk sanft kreisende Bewegungen nach rechts und links ausführen
- auf Zehenspitzen und Fersen vor- und zurückwippen, Beine danach locker ausschütteln
- wechselseitig auf Zehenspitze beziehungsweise Ferse treten (linker Fuß: Zehenspitze, rechter Fuß: Ferse), die Fußsohlen gegenläufig abrollen (rechter Fuß: Zehenspitze, linker Fuß: Ferse). Die Knie machen die Bewegungen ganz weich mit, ohne seitlich auszuscheren (Kniegelenke schonen)
- leicht auf der Stelle hüpfen, dabei den ganzen Körper locker mitschwingen lassen
- wurzelndes Gefühl entwickeln: Wir sind Pflanzen, unsere Wurzeln wachsen aus unseren Fußsohlen heraus in den Boden hinein! Unsere Beine bleiben dabei locker (Knie bitte nicht durchdrücken), unser Rumpf stellt den leicht schwingenden Stängel oder Baumstamm dar, die Arme sind Äste oder Zweige, die Finger bewegen sich wie Blätter im Wind

- Drei-Punkte-Gefühl entwickeln: Wir erspüren unsere Fußsohlen jeweils an drei Punkten, der großen und kleinen Zehe und der Ferse. Wir stellen uns vor, wir sind an diesen Punkten ganz dicht mit dem Boden verbunden. Unsere Knie bleiben dabei locker (Skigymnastik: leichte Wippbewegungen der Knie, gleich- oder wechselseitig vor und zurück, immer in Richtung der Zehenspitzen)

Ganzheitliches Körpergefühl: Das Gespür für den eigenen Körper und eine sängerisch lockere, aufrechte Grundhaltung können beispielsweise durch folgende Übungen erfahren werden:

- *Gehen im Raum*: mit Riesenschritten und Zwergentrippeln, als Ballerina auf Zehenspitzen, z. B. geheimnisvoll schleichend oder locker spazieren gehend, dabei nicht nur die Fußsohlen isoliert erspüren, sondern ein ganzheitlich schwingendes Körpergefühl erarbeiten.
- *Kreiseln auf der Stelle*: Wir stellen uns vor, wir seien lauter aufrecht stehende Buntstifte! Wir kreisen sanft aus unserer gedachten Körperachse heraus und stellen uns vor, wir malten mit der Kopfdecke eine bunte Spirale an die Decke. Die Spirale beginnt in der gedachten Mitte, wird größer, gerät zum perfekten Kreis, dreht dann in die andere Richtung zu unserer eigenen Mitte zurück.
- Wir spielen orientalischen *Bauchtanz*, legen die Hände unter die Rippenbögen und malen mit den Hüften lockere Kreise nach links und rechts.
- Wir legen die Hände in die Seiten und drehen den Oberkörper abwechselnd sanft nach rechts und links. Unser Blick folgt der leichten Drehung.
- Wir kreisen langsam und sanft mit den Schultern, vorwärts und rückwärts, die Arme hängen locker und machen die Bewegung mit.
- Wir nicken sanft mit dem Kopf: Ja, ja, ja!
- Wir schütteln sanft den Kopf : Nein, nein, nein!
- Wir wiegen den Kopf sanft hin und her: Vielleicht, vielleicht, vielleicht!
- Wir klappen den Unterkiefer langsam und locker auf und zu, bitte mit sanfter Bewegung und ohne seitliches Ausscheren (das Kiefergelenk sollte wie unsere Knie- und Ellenbogengelenke niemals seitwärts strapaziert werden), wie die Fische im Aquarium senden wir uns stumme Botschaften zu!

Atmung

Unser Atemapparat beeinflusst direkt die Tongebung, daher sind dessen Erspürung und gezielter Einsatz besonders wichtig fürs Singen. Aus vielen, verschiedensten Atemschulen und Übungsanleitungen folgt hier eine kleine, stichwortartige Auswahl.

Wir erspüren unseren Atem:

- *im Liegen*: Rückenlage, Hände liegen auf der Bauchdecke, wir atmen durch die Nase ein, durch den Mund sanft wieder aus und erspüren die Bewegung der Bauchdecke und des Zwerchfells.
- *im Sitzen*: Wir sitzen auf der Stuhlfläche weit vorn, sodass der Oberkörper leicht aufgerichtet wird. Wir atmen durch die Nase ein, denken uns den Atem bis zu unserer Sitzfläche hin, erspüren die angenehme Weitung von Bauch, Rücken und Brustkorb und lassen den Atem sanft durch den Mund wieder ausströmen.
- *im Stehen*: Wir suchen unseren lockeren Sängerstand, atmen schnuppernd durch die Nase einen Fantasieduft ein, erspüren die Zwerchfellbewegungen und die Weitung des gesamten Atemapparats und stoßen die Luft mit leichtem Pusten wieder aus.

Wir arbeiten direkt mit unserem Zwerchfell:

- Wir atmen sanft zum Bauch hin ein, fühlen die angenehme Weitung des Zwerchfells und der Zwischenrippenmuskulatur und stoßen die Luft in kleinen, gedachten Wölkchen wieder aus: f-f-f-f-ffffff.
- Wir pusten mit dicken Backen eine große Wolke von uns weg: phphphphph.
- Wir stoßen ein langes Schlangen-S aus: sssssssss.
- Wir schnaufen wie eine alte Lokomotive: sch-sch-sch-schschschsch / tsch-tsch-tsch-tschschsch.
- Wir pusten kleine Staubflöckchen vor uns her: ft-ft-ft-ft-ft.

Wir kombinieren die Ausatemlaute f / s / sch, legen dabei die Hände auf die Bauchdecke und erspüren die Aktivität unseres Zwerchfells:

- Wir atmen ein und lassen die Luft auf einem längeren fffff – sssss – schschsch ausströmen.
- Wir atmen ein und doppeln die Konsonanten: f-f – s-s – sch-sch; hier wird die Bewegung des Zwerchfells deutlich spürbar (Zwerchfellimpulse).
- Wir atmen ein und verdreifachen die Konsonanten: f-f-f – s-s-s – sch-sch-sch, wodurch ein triolischer Rhythmus entsteht.
- Wir vervierfachen und beschleunigen die Konsonanten f-f-f-f – s-s-s-s – sch-sch-sch-sch; so erhalten wir rasche Sechzehntelbewegungen und kleine, kurze Zwerchfellimpulse, die sich anfühlen, als ob wir lachten oder kicherten.

Wir erspüren unsere Rückenatmung:

- Wir legen die Hände in die Nierengegend, beugen uns ganz leicht nach vorn und atmen zu unseren Handflächen hin, erspüren die Weitung der Rückenmuskulatur und lassen die Luft ohne Stauung wieder ausströmen.

Wir erspüren unsere Flankenatmung:

- Wir legen die Hände seitlich an unsere Rippenbögen und atmen zu unseren Handflächen hin. Dabei erspüren wir die Weitung der Zwischenrippenmuskulatur. Danach lassen wir die Luft ohne Stauung wieder ausströmen.

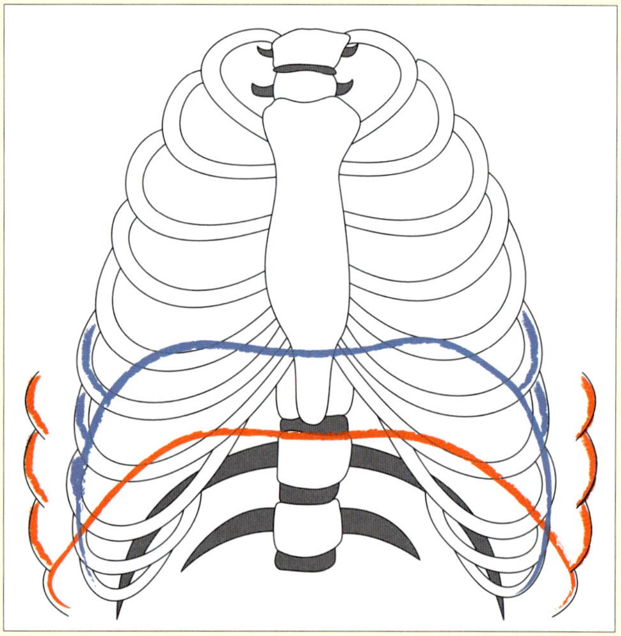

blau: Zwerchfell in Ausatemstellung
rot: Zwerchfell in Einatemstellung

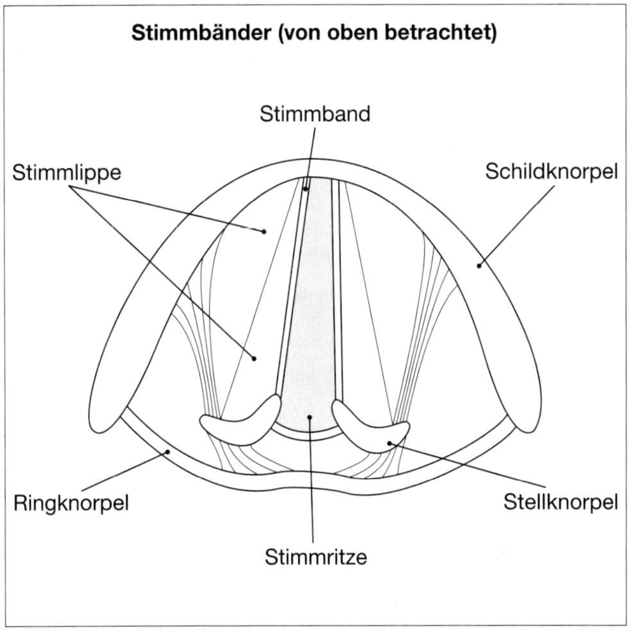

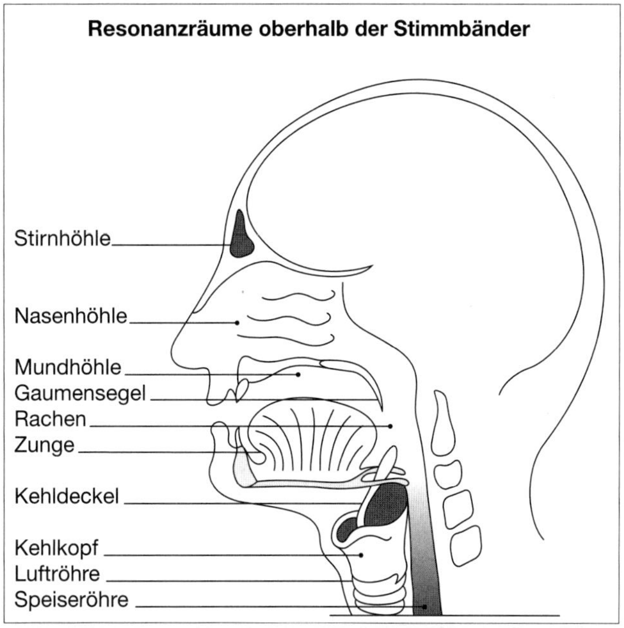

Unser Instrument Stimme

Durch die ausströmende Atemluft werden unsere Stimmbänder in Schwingung versetzt, es entstehen Schallwellen (Primärtöne), die durch unsere verschiedenen Resonanzräume (z. B. Bronchien, Luftröhre, Schlund- und Rachenraum, Mundhöhle, Nasennebenhöhlen, Nase, Stirnhöhle, mitschwingende Knochen) fühl- und hörbar verstärkt werden. Unser Kehl- und Artikulationsbereich (Unterkiefer, Mundhöhle, Zunge) sollte sich entspannt und weit beziehungsweise offen anfühlen (faukale Weite), Lippen und Nasenflügel bilden locker geöffnete Schalltrichter.

Erste Töne in jeweils bequemer, mittlerer Tonlage hören und erspüren

a) Summen und dabei die Schallwellen in Mundhöhle und Nase, an den Nasenflügeln sowie an den locker aufeinanderliegenden Lippen schwingen spüren: mmmmmm.
b) Nasale erspüren durch: ng-Glissando (*ng* wie beim Wort Ding)
c) Vokale durch Sprechen erspüren (Brust- und Kopfresonanzen):
   - tiefes »a«: Bronchien (Hand auflegen und Schallwellen erspüren), helles »a« am Vorderzahnansatz.
   - mittleres »e« und »i«: Nase, Nasennebenhöhlen, Stirnhöhle, Kiefergelenk, Vorderzahnansatz.
   - höheres »o« und »u«: Gaumensegel, Mundhöhle, Rachenraum, Nacken, Kopfdecke, Stirnhöhle.

Tonhöhe:
Je nach Alter sollten Vokalübungen unbedingt an das jeweils vorhandene Klangspektrum angepasst und nur langsam, parallel zur kindlichen Entwicklung, erweitert und ausgebaut werden. Empfehlungen hierzu finden Sie in folgender Tabelle.

Alter	**Tonhöhe**
Kleinkind:	g′–c″
Kindergartenkind:	f′–e″
Grundschulkind:	c′–f″
Schulkind:	a′–a″

Erste tonale Übungen

Eine unüberschaubare Vielzahl an sinnvollen tonalen Einsingübungen für Kinder und Jugendliche steht im Buchhandel bereit, aus Platzgründen möchten wir an dieser Stelle nur einige wenige Übungen anführen. Alle Übungen sollten von bequemer mittlerer Lage jeweils chromatisch nach unten oder oben versetzt erklingen. So tasten Sie sich an weniger bequeme Tonhöhen heran. Grundsätzlich sollten Sie und vor allem Ihre Kinder sich dabei wohlfühlen, bitte keine zu tiefe oder zu hohe Lage erzwingen!

Höhen-Hilfe: Je höher wir singen wollen, desto mehr lassen wir den Unterkiefer fallen. Gleichzeitig aktivieren wir das Zwerchfell im Flanken-Rücken-Bereich.

a) **zwei Glissando-Übungen für alle Lagen**
   (*glissando* = gleitend)
   – Der Lippenpropeller lockert die Gesichts- und Lippenmuskulatur aus. Er entsteht auf einer leichten Atemspannung und hält auch nur gerade so lange an, wie diese aufrechterhalten wird. Mund- und Nasenraum sowie Unterkiefer sollten sich weit und locker anfühlen, sodass die Schallwellen ungehindert alle Kopfresonanzräume erreichen und ausfüllen können.

   – Wir propellern gleitend von unserer jeweils mittleren Tonhöhe aus ganz tief nach unten.

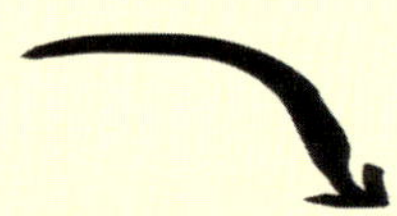

   – Wir propellern von unserer jeweils mittleren Tonhöhe aus leicht nach oben (über einen gedachten Berg) und landen sanft auf der anderen Seite.

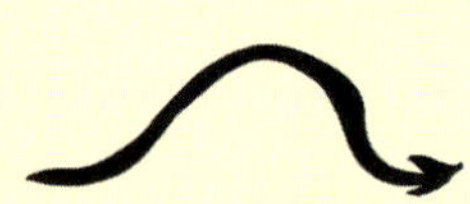

– Wir propellern schwungvoll von mittlerer Lage aus ein dreifaches Looping bis in höchste Höhen und landen sanft in mittlerer oder auch tiefer Lage.

– Das W-Glissando (Bild: leichte Brise, schwebende Feder, fallende Herbstblätter) spricht den sogenannten Vordersitz an, das heißt die vorderen Resonanzräume wie etwa Lippen, Schneidezähne, Nasenflügel, Nasenwurzel, Wangen, Augen werden durch unsere Schallwellen besonders angeregt.
– Auch hier sollten sich Mund- und Nasenraum sowie Zunge und Unterkiefer weit und locker anfühlen. Die oberen Schneidezähne liegen zur Bildung des Buchstaben W locker auf der Unterlippe auf. Ein leichtes Kitzeln zeugt von der Intensität unserer Schallwellen (»w« ist ein sogenannter *Reibelaut*). Gleichzeitig mit der Tonerzeugung entsteht ein leichter Rückstau der Atemluft auf den Atemapparat, eine angenehme Weithaltung (Einatemstellung) kann aufgebaut und über die gesamte Dauer der Übung beibehalten werden. Die Stimmbänder schwingen leichter als beim Lippenpropeller, was uns bevorzugt in die höheren Lagen unseres jeweiligen Stimmumfangs führt.
– Wir glissandieren auf »w« von unserer jeweils mittleren Tonhöhe nach unten.
– Wir glissandieren auf »w« von unserer jeweils mittleren Tonhöhe leicht nach oben und landen wieder in tiefer Lage.
– Wir glissandieren auf »w« drei schwungvolle Salti bis in höchste Höhen und landen in tiefer Lage.

b) **Artikulationsübungen** (vgl. Notenmaterial 1, S. 23)
   – Gesundes Singen setzt eine bewusste und gleichzeitig lockere Artikulation voraus. Auf dem Gebiet der sprachlichen Frühförderung gibt es vielseitige Übungsangebote, die sich nicht nur auf den kindlichen Sprachgebrauch, sondern gerade auch auf die kindliche Stimmentwicklung höchst positiv auswirken.
   – Hier einige Plapper-Silbenkombinationen zur lockeren Artikulation. Bitte achten Sie dabei auf einen stets aktiven Einsatz des Atemapparats (Zwerchfellimpulse), eine lockere Weithaltung des sogenannten Ansatzrohrs (alle Resonanzräume oberhalb der Stimmbänder) und lockere Auf- und Abbewegungen des Unterkiefers (entspanntes Kiefergelenk).

Im Anschluss an diese Übungen könnte beispielsweise eine Rhythmus-Improvisation erklingen.

Notenmaterial 1

zur lockeren Artikulation (tiefster Ton: h / höchster Ton d´´)

m - Lippen liegen locker aufeinander und schwingen spürbar
offenes o - Unterkiefer leicht fallenlassen

zur Geläufigkeit (tiefster Ton: c´ / höchster Ton f´´)

w - obere Schneidezähne liegen locker auf der Mitte der Unterlippe
o / a - Unterkiefer leicht fallenlassen

c) **Vokalausgleichsübung** (vgl. Notenmaterial 2, S. X)
Unsere sehr unterschiedlich klingenden Vokale (z. B. helles »i« – dunkles »u«) können mithilfe der folgenden Übung klanglich leicht aneinander angeglichen und ganz gezielt in unsere Kopfresonanzräume gesetzt werden. Dies fördert einen weichen, runden, die Stimmbänder schonenden Stimmklang. Dazu heben wir das Gaumensegel sanft an und halten es während der ganzen Übung in einer leichten Gähnstellung. Spüren wir den einzelnen Vokalen nach, stellen wir fest, dass sie an unterschiedlichen Stellen in unseren Resonanzräumen schwingen können: z. B. im Rachenraum, hinter der Nase, am geweiteten Gaumensegel oder an den Schneidezähnen. Es gilt, mit der Zeit ein Gespür für jeden einzelnen Vokal zu entwickeln, sodass er in jedwedem Kontext abrufbar wird und jederzeit wohltönend gelingen kann.

Nicht immer ist ein weicher, runder Stimmklang von Vorteil oder erwünscht; je nach Tonlage, Textierung oder auch musikalischer Grundstimmung können helle, härter klingende Vokale angebracht sein. Für diese Klänge halten wir das Gaumensegel relativ flach und stellen uns vor, unsere Schallwellen würden besonders stark in der Nase schwingen. Wie bei allen Übungen geht es allerdings auch hier darum, einen goldenen Mittelweg zu finden und den Stimmapparat nicht zu überlasten.

d) **Dreiklangsbrechungen in Dur und Moll**
Unser westliches Tonsystem arbeitet mit Tonalitäten in Dur und Moll. Hierbei spielen der Gebrauch und die Stellung der großen und kleinen Terz eine wesentliche Rolle. Die folgende Übung baut auf der sogenannten Ruf-Terz auf, einer kleinen fallenden Terz, die aus unserem alltäglichen Sprachgebrauch nicht fortzudenken ist: ein freundlich ausgerufenes »Hal-lo!«. Als Antwort könnte eine große fallende Terz erklingen. Legen wir beide Rufe zusammen und drehen sie um, erhalten wir einen Durdreiklang in Grundstellung.

Viele lustige Kinderlieder beginnen mit einer Dreiklangsbrechung in Dur, beispielsweise das berühmte Tri-Tra-Trullalla vom allseits beliebten Kasperle. Von der großen (Dur-)Terz zur kleinen (Moll-)Terz ist der Weg nicht weit. Um den Halbtonschritt zu meistern, könnten wir uns eine Eintrübung des fröhlichen Dur-Klangs vorstellen. Als Bild dazu stellen wir uns vor, das Kasperle sei müde oder traurig, und schon gerät uns der Terzsprung einen halben Ton kleiner.

e) **Notenkärtchen als Spiel- und Lernmaterial**
(vgl. Notenmaterial 3 und 4, S. 27–29)
Zur gemeinsamen Erarbeitung einzelner Töne sowie kompletter Tonleitern mit deren jeweiligem Aufbau in Ganz- und Halbtonschritten schlagen wir die Herstellung von Notenkärtchen vor. Diese können immer wieder neu gelegt und kombiniert werden, nicht nur Tonleitern, sondern auch klei-

Notenmaterial 2

zum Vokalausgleich (mittlere bequeme Lage)

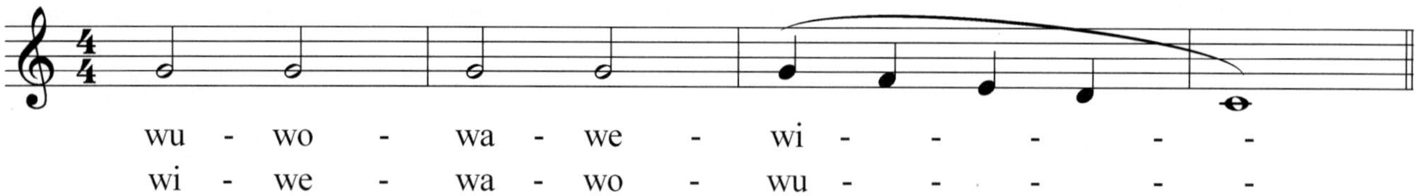

Notenmaterial 3

zur Ruf-Terz

Notenmaterial 4

lustiger Kasper, als vierstimmiger Kanon singbar

müder Kasper, als zweistimmiger Kanon singbar

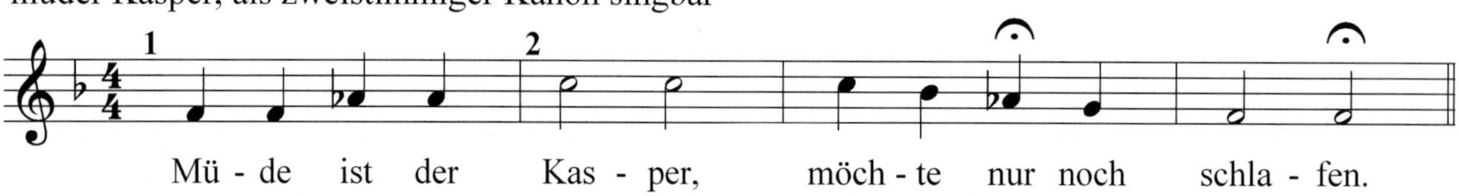

nere Melodien können spielerisch zusammengepuzzelt und anschließend gemeinsam gesungen werden. Viele verschiedene Spiele können selbst erfunden, Intervalle können sorgfältig erarbeitet werden, wobei die klangliche Umsetzung durch gemeinsames Singen vor oder nach dem Einsatz der Notenkärtchen erfolgen kann. Zur Erweiterung des Systems könnten Vorzeichen-Kärtchen, Notenschlüssel und Pausen-Kärtchen angelegt werden, rhythmische Einheiten könnten folgen. Die gemeinsame Herstellung eines solchen Noten-Sets mit vielfältigen Einsatzmöglichkeiten regt zu einer ganzheitlichen Beschäftigung mit erstem Notenmaterial und zu dessen direkter, vokaler Klangumsetzung an und fördert die intonatorisch saubere, rhythmisch fundierte Tongebung.

Notenmaterial 5

Dur- und Molldreiklänge im Oktavraum

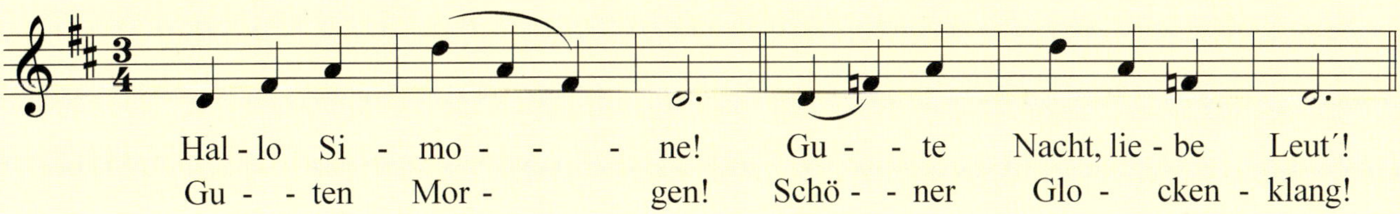

Dreiklangsbrechungen mit Einbeziehung der Oktave können wunderbar mithilfe rasch erfundener, zur jeweiligen Situation passender Worte eingeübt werden:

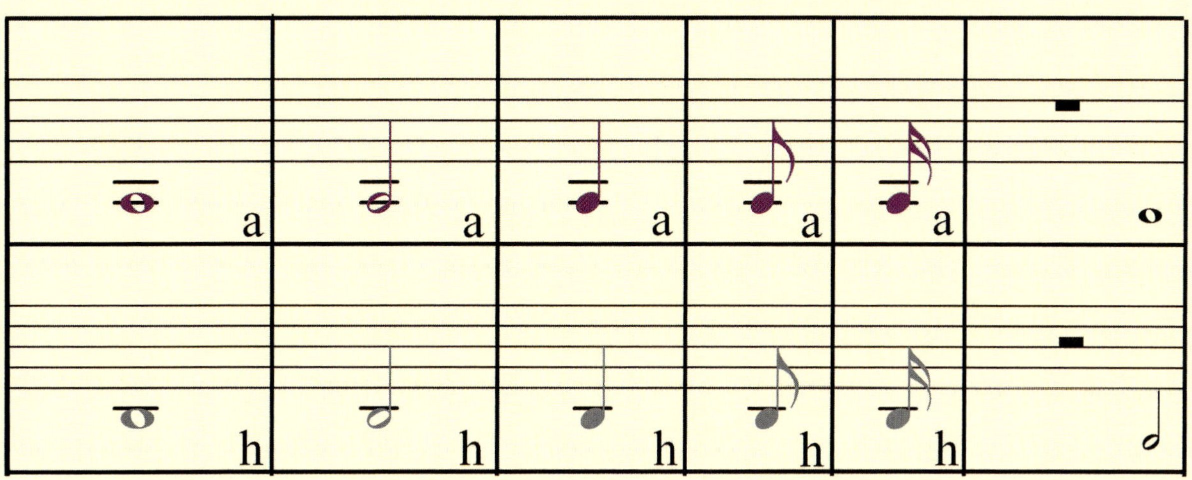

c′ c′ c′ c′ c′
d′ d′ d′ d′ d′
e′ e′ e′ e′ e′
f′ f′ f′ f′ f′ G
g′ g′ g′ g′ g′ F
a′ a′ a′ a′ a′

h′ h′ h′ h′ h′
♭
c″ c″ c″ c″ c″
♮
d″ d″ d″ d″ d″
3/4
e″ e″ e″ e″ e″
4/4
f″ f″ f″ f″ f″
6/8
g″ g″ g″ g″ g″

f) **Pentatonische (Fünfton-)Tonleiter, Erarbeitung von Melodien**
Zur Übung und aufbauenden Gestaltung einer pentatonischen Melodie oder Improvisation finden Sie im Buch weitere direkte Anregungen mit Notenmaterial und einem kleinen Kanon, ebenso zum Aufbau von Melodiefloskeln mit verschiedenen Spannungsbögen (grafische Notation) und unterschiedlichen rhythmischen Einheiten, darüber hinaus Anregungen zur improvisatorischen Melodie-Ergänzung.

g) **Weitere Anleitungen zu tonal gebundenen Improvisationen,** also Improvisationen, die sich innerhalb eines festgelegten Tonsystems bewegen (Blues-Skala, Dur- und Molltonleitern), finden Sie ab Seite 91.

Über das Hören

Musik ist ohne unser Gehör nicht denkbar. Auch Einsatz und Tongebung unserer Stimme hängen unmittelbar davon ab, wie wir uns selbst und unsere Umgebung hören.

Daher ist es wichtig, unsere auditive Wahrnehmung ausgiebig zu schulen. Dies gelingt am eindrucksvollsten über ein Gewahrwerden von Stille, von Nichtgeräusch und Nichtklang mit daran anschließender bewusster Klanggestaltung.

In unserer lärmbelasteten, geräuschdurchfluteten Umgebung fällt es nicht leicht, ein stilles Plätzchen zu finden, unseren Hörsinn zur Ruhe kommen zu lassen und unseren Geist zu sammeln. Vielleicht finden wir einen Platz auf dem Schulhof, im Garten, einen besonders stillen Raum im Haus, der uns Ruhe bieten kann.

Es folgt eine Lauschübung aus der Stille heraus.

Klang-Rätsel

Wir setzen Klangschalen, orffsches Instrumentarium, Percussion-Instrumente oder auch lustig und interessant klingende Gegenstände aus dem Haushalt wie z. B. Papier, Metallfolie, große und kleine Steine, Topfdeckel zur Klanggestaltung ein (Klangkiste einrichten). Alle setzen sich, schließen die Augen und nehmen die Stille wahr. Aus der Stille heraus erklingt ein einzelner Ton oder ein einzelnes Geräusch. Wir lauschen dem Klang und speichern ihn mittels unserer inneren Hörvorstellung. Vielleicht verbinden wir mit dem Klang ja eine besondere Farbe, ein Erlebnis, oder uns fällt direkt das Bild der dazu passenden Geräuschquelle ein. So können wir uns den Klang gut merken. Wir lassen uns Zeit, wieder in die Stille zu versinken. Ein neues Geräusch erklingt, wir nehmen es wahr und speichern auch den zweiten Klang. Wieder nehmen wir bewusst die Stille um uns herum wahr. Ein drittes Geräusch erklingt, wir vergleichen es mit den beiden zuvor Gehörten und speichern es ebenfalls ab. Nun öffnen wir die Augen und lösen gemeinsam das Klangrätsel. Waren die Geräusche und Klänge tief oder hoch? Laut oder leise? Hart oder weich? Wohlklingend oder dissonant? Können wir die Geräuschquellen bestimmen? Zur Steigerung der auditiven Wahrnehmung und Schulung des inneren Ohrs könnten nach und nach mehr Klänge verwendet (und im Anschluss an alle Klänge notiert und verglichen) werden. Zur Klanggestaltung könnten mehrere Kinder aus der Gruppe ein Klangrätsel zusammenstellen und gemeinsam aufführen.

Lärm, lass' nach!

Für dieses Hör-Spiel benötigen wir lediglich etwas zum Schreiben. Wir begeben uns an einen belebten Platz (Marktplatz, Stadtpark, Zoo, Bahnhof). Dort machen wir es uns bequem und legen eine Zeit fest (5–10 Minuten). Auf ein Zeichen hin schließen wir die Augen, lauschen den vielfältigen Geräuschen um uns herum und merken sie uns. Nach Ablauf der Zeitspanne versuchen wir, uns an alle Geräusche zu erinnern.

Jüngere Kinder könnten nach gemeinsamem Zusammentragen alles Gehörten ein Geräusche-Bild malen. Kinder, die schon schreiben können, dürfen sich nun Notizen machen, die anschließend verglichen werden. Wer hat die meisten Geräusche wahrgenommen?

Zwei Muntermach-Zyklen

Aus dem Alltag heraus in eine geeignete sängerische Spannung hineinzufinden, fällt oft schwer. Folgende einstimmende Zyklen könnten hilfreich sein, Sie und Ihre Kinder in eine gute Singposition zu versetzen.

a) **aus der Ruhe kommend**
- Wir suchen uns einen freien Platz zum Liegen, strecken uns gemütlich auf dem Rücken aus und atmen ruhig, als würden wir schlafen.
- Unsere Hände liegen auf der Bauchdecke, wir erspüren die Atembewegung des Zwerchfells.
- Wir atmen durch die Nase ein und lassen unsere Atemluft sanft durch den Mund wieder ausströmen, dabei darf ein leichtes, sanftes Geräusch entstehen (phphphph).
- Da klingelt der Wecker! (kurzes Geräusch einwerfen: Glockenklang, Triangel, Wecker)
- Jetzt heißt es aufwachen! Wir strecken und recken uns im Liegen, setzen uns langsam auf, versuchen, die Fußspitzen mit den Fingern zu berühren und erheben uns.
- Um einen guten Stand zu erhalten, stampfen wir leicht mit den Beinen auf, dabei erspüren wir den Kontakt der Fußsohlen zum Boden.
- Dieser Kontakt wird nun verstärkt, indem wir mit den Füßen vor- und zurückwippen, zuerst stehen wir auf den Zehenspitzen, dann auf den Fersen, immer im Wechsel (bitte alles mit sanften, ruhigen Ausbalancierungsbewegungen ausführen).
- Um unseren gesamten Körper zu erspüren, klopfen wir uns tätschelnd ab: von den Schienbeinen über die Oberschenkel zum Bauch über den Brustkorb zu den Armen, dann über die Rückenmitte, den Po, die Oberschenkel zu den Waden, schließlich klopfen wir uns gegenseitig sanft den Rücken aus.
- Wir gähnen ausgiebig, seufzend, mit lockerem Unterkiefer, recken und strecken uns. Guten Morgen!
- Nun könnten aufbauende Übungen zu Atmung und Stimmbildung oder ein Lied folgen.

b) **zur Ruhe kommen**

- Wir hüpfen wiehernd durch den Raum wie eine wild galoppierende Pferdeherde.
- Wir gehen heulend auf allen Vieren wie die Wölfe.
- Wir hüpfen quakend wie Frösche am Teich.
- Wir schlängeln uns zischelnd wie Schlangen am Boden.
- Wir legen uns erschöpft auf den Rücken und spüren unseren fließenden Atem, legen zum Erspüren die Hände auf die Bauchdecke. Unser Atem beruhigt sich.
- Wir lauschen unserem Atemgeräusch, es klingt wie ein feiner Windhauch draußen in der Natur.
- Wir verstärken das Windgeräusch, dabei wechseln wir langsam in eine sitzende Position.
- Wir atmen sanft zum Boden hin ein und erspüren den Weg unseres Atems.
- Wir erheben uns gemächlich und stellen uns vor, wir seien Bäume im Wald. Unsere Fußsohlen bilden Wurzeln und geben uns sicheren Halt. Unsere Arme werden zu Ästen, unsere Finger zu Blättern, unser Rumpf ist der bewegliche Baumstamm.
- Der Windhauch wird stärker, nun kommt sogar ein kurzer Sturm auf! Schschsch – ffffff – sssss – tssssss – ksssss – pffffff!
- Wir wiegen uns im Wind. Allmählich ebbt der Sturm wieder ab, unsere Bewegungen werden langsamer, die Arme sinken, wir stehen entspannt.
- Nun könnten aufbauende Übungen zur Stimmbildung oder ein Lied folgen.
- Zusammen mit Ihren Kindern könnten Sie nun nach unseren Anleitungen im Kapitel über freie und tonal gebundene Improvisationen verschiedenste kleine Einzelkompositionen oder auch eine größere Gemeinschaftskomposition zeichnerisch erstellen und stimmlich erarbeiten. Denkbar wäre natürlich auch der umgekehrte Weg von einer aus dem Stegreif gehaltenen Vokalimprovisation hin zum grafisch notierten Stück.

Strophenlieder

Heutzutage kennen wir leider oft nur den ersten (und vielleicht noch den zweiten) Vers unserer bekanntesten Strophenlieder, obwohl es sich meistens lohnt, alle Verse eines Liedes zu singen!

Strophenlieder erzählen Geschichten. Jedes Lied öffnet uns eine Tür zu einer interessanten, in sich abgerundeten Welt mit Abenteuern, Stimmungsgemälden oder auch themenbezogenen Aufstellungen mit pädagogischem Hintergrund. In allgemein beliebte, lyrische Reimformen gefasst, lassen sich Strophenlieder recht schnell auswendig lernen und bieten allerlei Raum für Improvisationen.

Strophenlieder können in kleine Theaterstücke eingebettet werden, Stegreiftheater kann ihnen als Rahmenhandlung dienen, aber auch zwischen den einzelnen Vers- und Refrainteilen bieten sich Improvisationen an.

Der bunte Reigen an neu komponierten und gedichteten Liedern in diesem Buch möchte Ihnen hierzu Anregung bieten.

Das Lied »Kalles Bauernhof« regt dazu an, passende Tierlaute nachzuahmen und beispielsweise im Anschluss mit freiem Dirigat ein lustiges Tierstimmen-Konzert aufzuführen. Zur Umrahmung könnte auch eine Geräusche- und Pantomime-Improvisation über Tiere auf dem Bauernhof stattfinden.

Die beiden Märchenlieder sowie »Die Gespensterburg« und »Im Zirkus« könnten passend verkleidet gesungen und gespielt werden, die musikalischen Zwischenspiele bieten genügend Raum für allerlei Stegreifimprovisationen.

Bei der Eisenbahn-Polonaise dürfen sich immer mehr Passagiere an die Lok anhängen, bis schließlich der Zielbahnhof erreicht ist. Eine hübsche Einleitung bzw. Einstimmung wäre mit dem kleinen Kanon von der alten Lok gegeben.

Das Orchesterlied ist eher dazu gedacht, das kindliche Gehör zu schulen. Welche Instrumente erklingen in der Instrumentalversion? In welcher Reihenfolge erklingen sie?

Welche Instrumente klingen in tieferer oder in höherer Lage? Wie sehen diese Instrumente aus? Wie kann ihr spezifischer Klang in Worte gefasst werden? Wer von uns spielt schon ein klassisches Instrument oder möchte Unterricht nehmen? Sicherlich gibt es in Ihrer örtlichen oder regionalen Musikschule einen interessanten und lehrreichen Schnupperkurs, um die im Lied vorgestellten Instrumente näher kennenzulernen, ein Ausflug dorthin lohnt sich in jedem Fall!

Der Song über eine Poprock-Band könnte Ihre Kinder dazu anregen, selbst eine Band zu gründen. Diese kann aus vokalimitierten Instrumenten zusammengesetzt sein – oder alle in der Gruppe/Klasse vorhandenen Instrumente werden zu einer bunt gemixten Band zusammengefasst, und gemeinsam werden spannende Songs erarbeitet.

Das Liedchen über feines Essen mit gesummtem Refrain kann als Einsingübung dienen. Sie könnten auch gemeinsam weitere Strophen erfinden und (bis auf das Hexengebräu) nach und nach alle feinen Sachen zusammen mit Ihren Kindern nachkochen.

Sicherlich fallen Ihnen und Ihren Kindern noch viele spannende Umsetzungsmöglichkeiten ein! Wir wünschen jedenfalls viel Vergnügen beim Singen und Ausgestalten unserer nun folgenden Strophenlieder.

Text/Komposition: Viola de Galgóczy

Kalles Bauernhof

Auf Kalles großem Bauernhof
ist immer etwas los.
Im Stall und auf der Weide leben
Tiere klein und groß:
die Kuh, das Pferd, der Hahn, die Gans,
die Ziege und das Schwein,
die laden heut zum Hofkonzert
euch alle freundlich ein.
gesprochen: »Kommt doch herein!«

Die Kuh auf grüner Weide steht,
am Gras frisst sie sich satt.
Danach macht sie es sich bequem,
käut wieder Blatt für Blatt.
Da kommt ihr Kälbchen angerannt,
vorbei ist's mit der Ruh',
an ihrem Euter trinkt es Milch
und ruft zufrieden: »Muh!«
(Es folgt ein Muh-Konzert aller Kinder.)

Das Pferdchen scharrt vor Ungeduld
mit seinem Huf im Sand.
Es beugt den Hals und wiehert laut,
denn gleich geht's raus aufs Land!
Der Bauer legt ihm Zaumzeug an,
den Sattel braucht er nie.
Stolz traben sie zum Tor hinaus,
das Pferdchen wiehert: »Wiiih!«
(Es folgt ein Wieher-Konzert aller Kinder.)

Der Hahn stolziert im Hof herum
und sieht uns wachsam an.
Dass seinen Hennen nichts geschieht,
darauf kommt es ihm an!
Im Nest die gelbe Kükenschar
piepst munter: »Bi-bi-bi!«
Da fliegt der Hahn aufs Hühnerhaus
und kräht: »Kikeriki!«
(Es folgt ein Kräh-Konzert aller Kinder.)

Die Gans pickt alle Körner auf
und knabbert am Salat.
Dann watschelt sie zum nahen Bach,
nimmt dort ein kühles Bad.
Besuch begrüßt sie mit Geschrei
und wildem Flügelschlag,
streckt ihren langen Gänsehals
und schnattert: »Uak, uak, uak!«
(Es folgt ein Schnatter-Konzert aller Kinder.)

Die Ziege und der Ziegenbock
schau'n ihren Zicklein nach.
Die klettern über Stock und Stein
hinunter bis zum Bach.
Dann springen sie ins Heu hinein
und bleiben im Versteck.
Die Ziegenmama kriegt 'nen Schreck
und meckert laut: »Meck, meck!«
(Es folgt ein Mecker-Konzert aller Kinder.)

Das Schwein und seine Ferkelschar,
ganz rosig und gesund,
spazier'n vergnügt im Hof umher,
sind keck und kugelrund.
Mit ihren Rüsseln stöbern sie
das feinste Futter auf.
Die Ferkel quieken: »Quiek, quiek, quiek!«
Das Schwein grunzt: »Schnauf, schnauf, schnauf!«
(Es folgt ein Grunz-Konzert aller Kinder.)

(Die erste Strophe kann abschließend wiederholt werden, es folgt ein Tierstimmenkonzert aller Bauernhoftiere)

Text/Komposition: Viola de Galgóczy

Aschenputtel

Es war ein Mädchen fromm und gut,
dem starb sein krankes Mütterlein.
Der Vater fasste frischen Mut
und bracht' eine neue Frau mit heim,
die hatte zwei Töchter, eitel und dumm,
war'n böse und gemein.
Die stießen das arme Mädchen herum:
»Ein Aschenputtel sollst sein!«

Der Vater fuhr zum Tor hinaus,
ließ Aschenputtel ganz allein.
Die Schwestern putzten fein sich heraus.
»Ei, Aschenputtel, darfst faul nicht sein!
Mach' Feuer im Ofen, putze das Haus,
bei Tag und Nacht nicht ruh'!
Wie siehst du doch gar zu erbärmlich aus,
ein Aschenputtel bist du!«

Trari-trara! Trompetenschall!
Heut´ sucht der Prinz sich eine Braut!
Die Schwestern gehen auf den Ball,
das Aschenputtel gar traurig schaut.
Muss Linsen sortier'n, darf tanzen nicht geh'n.
»Ihr Täubchen, fliegt herbei!
Die guten ins Töpfchen, die schlechten ins
Kröpfchen!«
Aschenputtel ist frei!

Sie leis' zu Mutters Grabe schlich,
ein Täubchen singt im Haselbaum.
»Ach, Bäumchen, rüttel' und schüttel' dich,
wirf Gold und Silber über mich!«
Da fällt herab, als wie im Traum,
ein Kleid und ein Paar Schuh',
zum Tanz eilt das Mädchen, der Königssohn ruft:
»Die Allerschönste bist du!«

Schlag zwölf das Aschenputtel flieht,
dabei verliert es einen Schuh!
Der Prinz beendet Tanz und Lied.
»Ach, herzliebes Mädchen, wo bist du?
Ich werde dich suchen immerfort,
will geben keine Ruh',
bis ich gefunden die schöne Maid,
der passet dieser Schuh!«

Die Kutsche hält vor jedem Haus!
Die Schwestern sehn sich staunend an.
»Kommt, liebe Mädchen, all' heraus,
probiert mir diesen Schuh hier an!«
»Rucke-di-guh, Blut ist im Schuh!«,
ein Täubchen warnend spricht.
Der Prinz blickt die Schwestern erzürnet an:
»Nein, täuschen lass ich mich nicht!«

»Doch schaut, wer hockt am Boden dort?
Bringt her zu mir die junge Maid!«
Sie zogen sie vom Ofen fort,
zerzaust das Haar, verstaubt das Kleid.
»Welch Glück! Der Schuh passt dir genau!«,
der Prinz ruft strahlend aus.
Das Aschenputtel wird seine Frau,
nun ist das Märchen aus.

Dieses Lied kann mit einfacher Kostümierung singend geschauspielert werden!

Alles – bis auf Aschenputtels Schuhe – kann von den Kindern während des Singens mimisch und lautmalerisch dargestellt werden. Möglich wäre auch, zwischen den einzelnen Strophen jeweils eine Strophe ohne Gesang zu musizieren, während der die Stropheninhalte mimisch dargestellt werden könnten.

Aschenputtel-Spiel

Das Märchen vom armen Aschenputtel, das nach dem Tod ihres Vaters von der bösen Stiefmutter und ihren Töchtern als Hausmädchen ausgenutzt wird und dann doch noch ihren Prinzen trifft, kennen Kinder seit Generationen. Sicherlich hat jedes Mädchen schon einmal davon geträumt, eine Prinzessin zu sein – mit wallenden, bunten Seidenkleidern und edlem Schmuck. Bestimmt würde sich auch der ein oder andere Junge in der Rolle des bewunderten Prinzen gefallen! Warum dann nicht einfach mal etwas tiefer in diese Märchenwelt eintauchen, anstatt »nur« darüber zu singen? Das Märchen bietet sich auch des-

halb zur schauspielerischen Umsetzung an, weil unterschiedlich große Rollen besetzt werden können.

Beispiele für Figuren

- Aschenputtel
- Vater
- Mutter
- Stiefmutter
- Stiefschwester I
- Stiefschwester II
- Prinz
- Hofmarschall
- Pferde
- Kutsche
- ein (oder mehrere) Täubchen
- Haselnussbaum

Charakteristik der Figuren

Sind die Rollen an alle Mitwirkenden verteilt, können sie von den Kindern interpretiert werden. In einem Halbkreis kann darüber diskutiert werden, welche Rolle wie ausgelegt wird. Woran merkt man beispielsweise, dass die Stiefmutter Böses im Sinn hat? Verhält sich Aschenputtel anders, wenn sie mit Tieren statt mit Menschen spricht? Sind die beiden Stiefschwestern wirklich so böse oder möchten sie nur ihrer Mutter gefallen?

Auch die vermeintlichen kleineren Rollen können so ausgebaut werden und gewinnen damit an Bedeutung. Da kann selbst die Pferdekutsche oder der Haselnussbaum einen eigenen Charakter entwickeln!

Kostümwahl

Sind die Charaktere der Figuren festgelegt, geht es an die Kostümwahl. Spätestens jetzt hat sicher jedes Kind ein Bild im Kopf, wie es in seiner Rolle aussehen möchte. So fällt es sicher nicht schwer, die passende Kleidung und Accessoires auszusuchen. Bestimmt hat jedes Kind Kleidung im Schrank, die es sonst eher ungern anzieht, die sich aber für ein Theaterstück wunderbar eignet – vielleicht hilft auch ein Blick in den Kleiderschrank von Eltern und Großeltern! Wenn viel Zeit ist und die Kostüme etwas aufwendiger ausfallen dürfen, lohnt auch ein Besuch in einem Theaterfundus. Viele Theater verleihen Kostüme, die gerade nicht für eigene Produktionen benötigt werden.

Bühnenbild

Die schauspielerische Umsetzung des »Aschenputtel«-Liedes bietet auch die Möglichkeit, ein Bühnenbild zu gestalten. Dabei können umherstehende Gegenstände (Stühle, Tische, Spielsachen) rasch zweckmäßig zu Aschenputtels Wohnstube oder dem Schloss des Prinzen umfunktioniert werden. Die meisten Kinder haben viel Fantasie, um sich ihre Märchenumgebung dann selbst vorstellen zu können. Aus zwei zusammengestellten Stühlen kann so ganz schnell eine prachtvolle Pferdekutsche werden; Kisten und Kartons sind wie gemacht als Grundlage eines majestätischen Schlosses! Natürlich können die Kinder auch selbst ein Bühnenbild malen, zeichnen oder aus unterschiedlichen Materialien basteln.

Skript

Das »Aschenputtel«-Lied bietet eine gute Vorlage für ein gesungenes Schauspiel. Dazu können die Kinder pantomimisch die jeweils besungenen Figuren darstellen. Doch auch als Auftakt für ein Theaterstück bietet es sich an. Die Kinder können ein eigenes »Skript« dazu verfassen, indem sie Texte für die Figuren schreiben oder ihren Erzieher/innen dabei helfen. So kann das »Aschenputtel«-Lied beliebig ausgebaut werden.

Text/Komposition: Viola de Galgóczy

Hans im Glück

Hans dient sieben Jahre schon,
dafür gibt es heut' zum Lohn
einen großen Klumpen Gold,
froh sich Hans nach Hause trollt.

Gold glänzt schön, doch trägt sich's schwer.
Seht, da trabt ein Reiter her!
Hans denkt: »Reiten, das ist fein«,
tauscht für Gold das Pferd sich ein.

Heimwärts geht's in frischem Trab,
hui – das Pferd wirft's Hänschen ab!
Bauer fängt es ein im Nu,
Hans tauscht's gegen Bauers Kuh.

Keine Milch gibt diese Kuh,
schlägt nur aus, brüllt störrisch: »Muh!«
Metzger hat ein kleines Schwein.
Hans tauscht's für die Kuh sich ein.

Ob das Schwein gestohlen war?
Hans begibt sich in Gefahr!
Tauschet das gestohlne Schwein
gegen eine Gans sich ein.

Gänschen schnattert immerzu,
armer Hans hat keine Ruh'.
Scherenschleifer rät ihm fein,
tauscht die Gans für seinen Stein.

Schleifstein vierzig Kilo wiegt,
schwer auf Hänschens Schultern liegt.
Wasser gibt's am Brunnen fein,
Plumps! Im Brunnen liegt der Stein.

So ist Hans ganz unbeschwert
endlich wieder heimgekehrt.
Alles ruft: »Er ist zurück,
unser lieber Hans im Glück!«

Refrain:
Froh zu sein bedarf's nicht viel,
heimzukommen ist sein Ziel.
Tauschet heiter Stück für Stück,
lustig lebt der Hans im Glück!

Dieses Lied lässt sich sehr schön mimisch darstellen. Die Rollen Lehrmeister, Reiter, Bauer, Metzger, Gänseliesel und Scherenschleifer könnten einzeln besetzt werden. Hans geht von Station zu Station und tauscht seine Besitztümer um. Alle Besitztümer könnten vorher gemeinsam gemalt/gezeichnet werden. Der Brunnen kann von mindestens zwei Kindern, die sich an den Händen fassen und so einen Brunnenschacht andeuten, dargestellt werden.

Strophen 1/2/3
Dm Dm7 G Dm Dm7 G
Kin - der kommt und seht sie an, ei - ne al - te Ei - sen - bahn
Dm7 Gm7 C9 Fj7 B9 Gm7 Asus7/9 A7 Dm
auf den Schie - nen zischt und dampft, hört, wie die Ma - schi - ne stampft!
Vorspiel, Zwischenspiel 1/2/3
Dm
Zwischenspiel 3 weiter /4/5
Strophen 4/5/6
Zwischenspiel 6
Zwischenspiel 6 weiter /7/8
Strophen 7/8/9

Zwischenspiel 9 **Zwischenspiel 9 weiter /10/11/12, Nachspiel**

Strophen 10/11/12

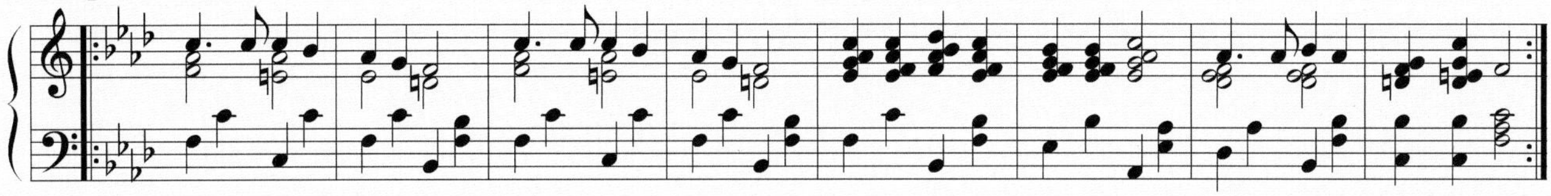

Text/Komposition: Viola de Galgóczy

Eisenbahn-Polonaise

Kinder kommt und seht sie an,
eine alte Eisenbahn
auf den Schienen zischt und dampft,
hört, wie die Maschine stampft!

Drinnen steht ein schwarzer Mann,
schaufelt Kohle, was er kann.
Feuer macht das Wasser heiß,
aus dem Schornstein dampft es weiß.

Hört, die Dampflok schnaubt furios,
aufgepasst, die Fahrt geht los!
»Lokführer, die Bremse löse!«
Vorwärts geht es mit Getöse.

An der ersten Bahnstation
warten Passagiere schon.
Wagen werden angehängt.
»Einsteigen! Die Zeit, sie drängt!«

Schaffner lässt die Pfeife tönen,
Lok zieht an mit lautem Stöhnen.
Schnell und schneller kann's jetzt geh'n,
Schaffner will die Karten sehn.

»Ei, wen haben wir denn hier?
Einen blinden Passagier!
Lieber Freund, du hast die Wahl:
steige aus oder bezahl'!«

Vor dem nächsten Aufenthalt
geht's durch einen finst'ren Wald.
Wolfsgeheul und Waldesbrausen,
Passagiere packt das Grausen.

An der zweiten Station
steht vom Zirkus ein Waggon.
Neugierig die Leute fragen,
wer wohl drin ist in dem Wagen?

»Ach herrje, um Himmels willen,
einen Löwen hör'n wir brüllen!«
Sein Dompteur begleitet ihn,
stellt ihm Fleisch und Wasser hin.

Dampflok pfeift und schnauft ein Lied,
Landschaft schnell vorüberzieht.
Auf der Wiese eine Kuh
sieht uns nach und ruft laut: »Muh!«

Schließlich naht die Endstation,
Passagiere freu'n sich schon!
Bremse kreischt, der Zug, der steht,
alles rasch nach Hause geht.

Unsre Dampflok frohgemut
auf den Schienen aus sich ruht.
Kinder stimmet froh mit an,
ein Loblied auf die Eisenbahn!

Dieses Lied könnte wie eine Polonaise in Bewegung umgesetzt werden. Nach und nach hängen sich weitere Kinder an die Dampflok an, und ab geht's bis zum Zielbahnhof. Möglich wäre auch, wie beim vorherigen Lied einzelne Handlungsstationen zu besetzen, an denen der Zug vorbeifährt (stampfende Maschine, Kohle schaufeln, Lokführer mit Trillerpfeife, zusteigende Passagiere, blinder Passagier, Wölfe und Nadelbäume, Löwe und Dompteur, Kuh auf der Wiese, Zielbahnhof).

Eisenbahn-Polonaise

Unsere Welt entwickelt sich technisch immer weiter: Plötzlich gibt es Handys, MP3-Player, Computer und allerlei andere Erfindungen, die das Leben verändern. Nur eines scheint sich nie zu ändern: Die Menschen fahren mit der Eisenbahn, um von einem Ort zu einem anderen zu gelangen – und das schon seit Beginn des 19. Jahrhunderts! Natürlich hat sich seitdem einiges getan: Aus Dampfloks wurden Dieselloks und auch das Schienennetz wurde immer weiterentwickelt. Dennoch: Die einzelnen Waggons schlängeln sich noch immer hintereinander durch die Landschaft – ein Bild, das sich wunderbar umsetzen lässt!

Pantomime

Musik und Bewegung gehören unmittelbar zueinander, und so bietet es sich an, die Eisenbahnkette auch pantomimisch darzustellen. Dabei muss es sich nicht unbedingt um die immer gleiche Bewegung handeln, denn das könnte schnell langweilig werden. Der Zug kann mal schnell fahren, mal langsam, ruckelnd, hüpfend, auch mal rückwärts! Schnell werden die Kinder merken, dass sie aufeinander Rücksicht nehmen und einen Weg finden müssen, wie der Zug in Bewegung gehalten werden kann. Denn wenn auch nur ein Kind aus dem Takt kommt, bleibt der Zug stehen oder »entgleist« sogar!

Landschaften gestalten

Wem die Umgebung des gewohnten Raumes für diese Zugfahrt zu langweilig ist, der kann die Zugfahrt natürlich ins Freie verlegen. Eine andere Alternative ist, sich eine eigene Landschaft zusammenzustellen. In einer Gruppe mit vielen Kindern können Landschaften pantomimisch dargestellt werden. Hier ergeben sich unzählige Figuren, wie beispielsweise:

- Passanten
- Bäume
- Berge
- Seen
- Flüsse
- Häuser
- Tunnel

Auch können Alltagsgegenstände (z. B. Stühle, Tische, Tücher) zu unterschiedlichen, beliebig veränderbaren Landschaften mit beispielsweise Bergen, Flüssen oder Städten umfunktioniert werden. Als Alternative können die Kinder ihre Lieblingslandschaften malen, zeichnen oder basteln. Natürlich muss der Zug auch mal anhalten. Dazu benötigt er unterschiedliche Stationen, sodass Passagiere ein- und aussteigen können. Auch dies lässt sich von den Kindern umsetzen.

Zug ist nicht gleich Zug

Wem der Zug nun noch zu farblos ist, der kann den einzelnen Waggons mithilfe von Kleidung (z. B. ein alter Hut) und Schminke einen eigenen Charakter geben. Vielleicht mag ein Kind lieber einen Bummelzug, während ein anderes den viel schnelleren Intercity Express bevorzugt! Oder ein Kind begeistert sich für die nostalgisch anmutenden Waggons aus Holz, die heute nur noch im Museum zu bewundern sind. Vielleicht waren einige Kinder auch schon im Ausland und haben dort Eisenbahnwaggons gesehen, die ihnen besonders gut gefielen – oder sie möchten einen eigenen Waggon entwerfen!

Dies sind nur einige Ideen, wie sich die »Eisenbahn-Polonaise« ausbauen lässt.

Text/Komposition: Viola de Galgóczy

Gespensterburg

In dem alten Burggemäuer,
zwischen grauem Felsgestein,
schauerlich und ungeheuer
fliegt's gespenstisch aus und ein!
Hu-hu-hu, ho-ho-ho,
hu-hu-hu, ho-ho-ho,
huuu-huuu-huuu, hört uns zu!

Kalt und stolz regiert' die Lande
König Karl auf goldnem Thron.
Ward verjagt mit Schimpf und Schande,
hört der Geister Spott und Hohn!
Hi-hi-hi, he-he-he,
ha-ha-ha, ho-ho-ho,
huuu-huuu-huuu, hört uns zu!

Die Prinzessin Kunigunde
liebte Ritter Theobald,
der jedoch konnt' sie nicht leiden,
sehnsuchtsvoll ihr Klaglied hallt!
Weh-o-weh, je-mi-ne,
weh-o-weh, je-mi-ne,
huuu-huuu-huuu, hört uns zu!

Hofnarr hat sein Lied vermasselt,
ach, die Geige kreischt und fiept,
heute er mit Ketten rasselt,
spukend durchs Gemäuer zieht!
Rassel-di, rassel-da,
rassel-di, rassel-da,
huuu-huuu-huuu, hört uns zu!

Auf zerfall'nen Burgeszinnen
sitzt die schöne, blasse Maid.
Keiner konnt' sie je gewinnen,
immer gab es Zank und Streit!
Ui-ui-ui, ei-ei-ei,
oi-oi-oi, au-au-au,
huuu-huuu-huuu, hört uns zu!

In dem alten Burggemäuer,
bei des blassen Mondes Glanz,
tanzen heute alle Geister
schaurigen Gespenster-Tanz!
Juppheidi, heissassa,
juppheida, trallala,
Firlefanz, kommt zum Tanz!

Zum Abschluss folgt ein geisterhafter Tanz mit wildem Gespenstergeheule. Alle Arten des Heulens könnten hier noch einmal wiederholt werden. Mit gemeinsam gemalter Burgkulisse und mittelalterlich geprägten Kostümen könnte dieses Lied beispielsweise auch zum beliebten und spannenden Thema »Mittelalter« musiziert werden.

Refrain
Kommt ins Zelt, nur he - rein-spa -ziert, hier wer-den Kunst-stü-cke vor - ge -führt! Ma -
-ne - ge frei! der Di - rek - tor ruft. Heut´ ihr schnup-pert Zir - kus-luft!
Strophe
Die ro-te
Lo - la schwingt ih - re Sto - la, dreht Pi - rou-et-ten im Vier-Vier - tel - Takt ,12 wei-ße
Tau - ben -s´ist kaum zu glau - ben- flat-tern im Kreis he - rum bis uns der Schwin-del packt!

Zwischenspiel

Text/Komposition: Viola de Galgóczy

Im Zirkus

Refrain
»Kommt ins Zelt, nur hereinspaziert,
hier werden Kunststücke vorgeführt.
»Manege frei!«, der Direktor ruft,
»heut' ihr schnuppert Zirkusluft!«

Strophen
Die rote Lola schwingt ihre Stola,
dreht Pirouetten im Vier-Viertel-Takt.
12 weiße Tauben – s´ ist kaum zu glauben –
flattern im Kreis herum, bis uns der Schwindel
packt!

Der Pudel Toni fängt Makkaroni,
der Löwe springt durch einen Feuerring,
die Ziege Lotte mampft die Karotte,
und zieht am Seil, da tönt ein Glöckchen:
»Klingeling!«

Zwei Akrobaten mit zehn Tomaten
jonglier'n mit leichter Hand ganz tadellos.
Sie machen Flick-Flack, springen im Zick-Zack,
ihr Salto vorwärts, rückwärts, seitwärts ist grandios!

Der Clown Mikele spielt Ukulele,
das Eselchen singt dazu laut: »I-a!«
Mikeles Flöte quakt wie die Kröte,
der Esel bläst auf einer Mundharmonika!

Auf ihrem Pony reitet die Moni,
ganz ohne Sattel zeigt sie, was sie kann!
Sie lächelt munter, fällt plötzlich runter!
Das Pony stupst sie sanft mit seinen Nüstern an.

Aus dem Zylinder für alle Kinder
zieht Zaub'rer Jokus bunte Luftballons.
Und auch zwei Hasen, aus deren Nasen
zaubert er »Hokus-Pokus« süße Lutschbonbons!

Graue Giganten, die Elefanten,
marschier'n herein, trompeten laut und kühn.
Rollen die Rüssel zu einer Schüssel,
drin schaukelt Lola; feurig glitzert ihr Kostüm.

Großes Finale im Zirkussaale!
Die Künstler geh'n in der Manege 'rum,
Direktor Wiener macht einen Diener,
begeistert applaudiert das ganze Publikum.

(Abschließend folgt gemeinsamer Applaus.)

Dieses Lied kann mit verschiedenen Kindern rollenbesetzt werden. Es ist jedoch auch möglich, jeweils alle Kinder während des Singens artistische Bewegungen ausführen zu lassen. Musikalisch besteht die Möglichkeit, den Refrain zwischen den einzelnen Strophen ohne Gesang zu musizieren und währenddessen den Stropheninhalt von den Kindern mimisch darstellen zu lassen.

Im Zirkus

»Hereinspaziert, hereinspaziert!« Seit Generationen fasziniert der Zirkus Zuschauer jeden Alters: egal ob jung, alt, groß oder klein. Ob lustige Clowns, tanzende Elefanten oder waghalsige Artisten – schnell verwandelt sich die Manege in eine bunte Fantasiewelt. Dabei ist ein riesiges Zirkuszelt gar nicht immer nötig! Mit etwas Fantasie lässt sich auch ein Gruppen- oder Klassenzimmer oder der eigene Garten ganz leicht in einen Zirkus verwandeln!

Rollentausch

Wenn Sie die Kinder fragen, warum sie so gerne in den Zirkus gehen, werden Sie sicher unzählige unterschiedliche Antworten erhalten. Jedes Kind hat seine Vorlieben und kann sich für den eigenen, kleinen Zirkus seinen Lieblingsprotagonisten aussuchen:

- Zirkusdirektor und Zirkusdirektorin
- Tanzbär
- Clown
- Tigerdompteur und Löwendompteuse
- Trapezkünstler und Flugakrobatin
- Zauberer und Hexe
- Leiterakrobat und Drahtseilartistin
- Jongleur und Jongleuse
- Pferd(e)
- Elefant(en)
- Tiger

oder jemand ganz anderes? Im Zirkus ist fast alles möglich!

Programm

Sind die Rollen gewählt, gilt es, sich ein Programm auszudenken, das aus vielen verschiedenen Programmpunkten besteht. Da kann beispielsweise der Dompteur die Kunststücke seiner Raubkatzen zeigen oder die Trapezkünstlerin in einem »Drahtseilakt« auf einem Hochseil balancieren. Oder die Pferde laufen synchron in verschiedenen Gangarten durch die Manege! Doch wäre es nicht auch spannend, diese Rollen zu vertauschen? Dann könnte der Clown plötzlich zaubern, der Jongleur würde Witze erzählen und die Leiterakrobatin wild im Raum herumtanzen! Vielleicht fällt den Kindern auch ein ganz neuer Programmpunkt ein, den noch kein Zirkusdirektor dieser Welt in seinem Zirkus angesagt hat.

Kostüme

Natürlich müssen Zirkuskünstler auch angemessen gekleidet sein! Hier kann schon ein Griff in die Fastnachtskiste oder den Kleiderschrank der Eltern die kleinen Akteure optisch in Zirkuskünstler verwandeln. Doch auch das Basteln eigener Kostüme kann großen Spaß machen. Abgerundet werden die Kostüme durch selbst gebastelte Masken, zum Beispiel aus Pappe, Federn, Filz oder Gips.

Manege

Die Manege kann abgegrenzt werden, indem Stühle in einem großen Kreis aufgestellt werden. Daraus ergibt sich gleichzeitig auch der Zuschauerraum. Das »Zirkuszelt« kann beliebig gestaltet werden: mit bunten (Tier-)Bildern, Stoffresten, Collagen, Pappstreifen oder allerlei anderen Materialien.

So vorbereitet kann der Zirkusdirektor schon bald rufen: »Manege frei!«

Musik

Soll die Musik im Vordergrund stehen, können die einzelnen Strophen auch pantomimisch dargestellt werden. Das chromatisch geführte Leierkastenmotiv zwischen den einzelnen Strophen regt dazu an, unterschiedlichste Kunststücke vorzuführen. Die rote Lola könnte beispielsweise auf einem gedachten Seil balancieren, um sie herum könnte wildes Taubengeflatter herrschen.

Klaviersatz zu Strophe 1 und 3 (bitte jeweils 4 x wiederholen)

Klaviersatz zu Strophe 2 und 4 (bitte jeweils 4 x wiederholen)

Strophe 1 / 3 (jede Strophe stellt einen in sich abgeschlossenen Kanon dar)

Strophe 2 / 4 (jede Strophe stellt einen in sich abgeschlossenen Kanon dar)

Text/Komposition: Viola de Galgóczy

Orchester-Kanon

(zweimal zwei Lieddurchgänge in Dur und Moll mit Klangbeispielen)

Violine fängt gleich an,
lieblich ist ihr heller Klang.
Dunkler tönt, ihr hört es schon,
im Duett der Bratsche Ton.

Violoncello spielt ganz munter
viele Töne rauf und runter.
In der Tiefe, welch ein Spaß,
brummt dazu der Kontrabass!

Querflöte mit sanften Tönen
will die Ohren uns verwöhnen.
Strahlender Oboenglanz
fordert auf zu frohem Tanz!

Leicht bewegt die Klarinette
spielt dazu gleich im Quartette.
Das Fagott tönt tief und lang,
lockt mit dunklem, sattem Klang.

Goldener Trompetenschall
mühelos füllt jeden Saal.
Hört, es schallt das Horn so schön
über Wald und Bergeshöh'n!

Festlich und in bester Laune
bläst dazu nun die Posaune.
Tuba spielt mit großer Ruh'
einen tiefen Bass dazu.

Harfe zupft ganz zart und leise,
eine zauberhafte Weise.
Trommel wirbelt ganz exakt
Rhythmus im Vier-Viertel-Takt.

Glockenspiel voll Harmonie
steuert bei die Melodie.
Pauke tönt dazu: Bumm-bumm,
Bravo!, ruft das Publikum.

Vor- und Zwischenspiel

Strophe (Melodie bitte jeweils rhythmisch angleichen)

Text/Komposition: Viola de Galgóczy

Eine eigene Band

Eine eigene Band, die gründen wir!
Welche Instrumente brauchen wir dafür?
Gitarre, Schlagzeug, Keyboards, Bass,
dazu Gesang, das wird ein Spaß!
Geprobt wird fleißig und auch komponiert,
dann wird uns're Band gleich engagiert!

Der Gitarrist die Saiten stimmt,
in den Verstärker wird das Kabel eingeklinkt.
Die linke Hand drückt flink und munter
die Saiten auf dem Griffbrett runter.
Die rechte Hand das Plektrum hält
und spielt, was allen wohl gefällt!

Die Schlagzeugerin baut das Drumset auf,
mit Bass- und Snare Drum, Hi-hat, Becken
zuhauf,
dann setzt sie sich auf ihren Thron,
bringt Arme und Beine in Position,
gibt an den Takt und schon geht es los,
ja, dieser Rhythmus klingt famos!

Der Tastenkünstler hinterm Keyboard sitzt,
er drückt ein paar Knöpfchen und lächelt
verschmitzt.
An der Orgel und am Synthesizer
ist er ein ganz großer Meister.
Seine flinken Finger seht ihr hasten,
wie wild über schwarze und weiße Tasten!

Der Bassist lässt seine Finger gleiten
über die frisch gestimmten Saiten.
In den Bassverstärker klinkt er sich ein,
probiert ein paar Töne, die klingen fein.
Von tief bis hoch legt er dann los,
rhythmisch perfekt und virtuos!

Die Sängerin singt sich gründlich ein,
denn ihre Stimmbänder sind sehr fein.
Dann greift sie rasch zum Mikrofon
und testet es mit hellem Ton.
Ein bisschen Hall mischt sie zum Klang,
jetzt kann es losgeh'n mit Gesang!

Die ersten Proben tönen scheußlich schräg,
doch mit viel Übung gelingt uns der Weg.
Mit eigenen Liedern und Texten dazu
hören die Leute uns gerne zu.
Und bald sind wir im ganzen Land
als Super-Poprock-Band bekannt!

Text/Komposition: Viola de Galgóczy

Liedchen über feines Essen

Apfel, Birne und Mandarin',
Pfirsich und Banane sind drin,
noch ein frisches Minzeblatt,
fertig ist der Obstsalat!

Refrain:
Hmm, hmm, hmm. *(zur Melodie)*

Erbsen, Möhren, Sellerie,
Rosenkohl und Kohlrabi,
Kräuter und Kartoffeln fein,
kommen in den Eintopf rein!

Refrain:
Hmm, hmm, hmm. *(zur Melodie)*

Vollkornmehl mit Milch und Ei,
rühren wir zu feinem Brei,
Butter in die Pfann' hinein,
Pfannkuchen, die schmecken fein!

Refrain:
Hmm, hmm, hmm. *(zur Melodie)*

Mit Gekicher und Gebrumm
rührt die Hex' im Topf herum,
Drachenblut und Wurzelstrunk,
mixt sie in den Zaubertrunk!

Refrain:
Pfui, pfui, pfui, das schmeckt nicht gut,
Das liegt wohl am Drachenblut –
Hihihi!
(Alle Kinder kichern wie die Hexe.)

AN/AUS

Freie Improvisationen aller Art

Freie Improvisation

Lange Zeit dominierten die Bedenken vieler Musikpädagogen, »frei« könnte als »beliebig« aufgefasst werden. Deshalb hat frei improvisierte Musik erst seit etwa 40 Jahren eine wirkliche Bedeutung in der Musikpädagogik. Heute weiß man den Wert der freien Improvisation zu schätzen: PädagogInnen können aus einer Vielzahl an Gestaltungsmöglichkeiten die treffendste auswählen. SchülerInnen haben die Möglichkeit, sich ohne strenge Vorgaben ihrer Intuition zu überlassen und so ihre Stimme selbst zu entdecken und zu erforschen. Das kann ein wichtiger Schritt im Selbstfindungsprozess sein. Eine wichtige Grundlage für die freie Improvisation ist Kreativität, die sich auf bereits bekannte und erlernte Muster stützt.

Im folgenden Kapitel werden Beispiele für freie Improvisationen angeboten, die leicht mit Kindern verschiedener Altersklassen umsetzbar sind.

Wind in den Weiden (Flüster-Kanon)

Bitte achten Sie darauf, dass alle geflüsterten Worte in vernünftiger Lautstärke, also nicht zu laut oder zu luftintensiv, erklingen. Als dynamische Steigerung könnte verabredet werden, einen Durchgang zu sprechen, um danach wieder in den Flüstermodus zu wechseln. Begleitend könnten langsame, fließende Arm-Bewegungen lange Trauerweidenäste imitieren, die vom Wind bewegt werden. Umrahmt werden könnte der Kanon von improvisierten Windgeräuschen.

Flüster-Kanon - Wind in den Weiden

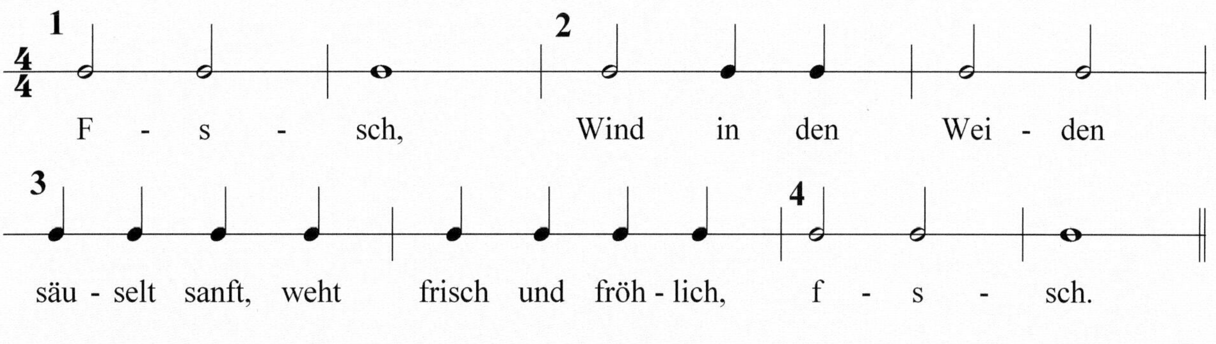

Anleitung zur freien Improvisation

Geräuscheimitation: Nachahmung von Tierlauten, Maschinen- und sonstigen Klängen

Scat-Gesang: geplapperte Silben, Nachahmung des Klangs verschiedener Musikinstrumente; seit Louis Armstrong und Ella Fitzgerald wichtiges Stilmittel des Jazzgesangs (bi-bop, dui-dap, du-dap, schubi-du, duba-daja, jaba-daba, schege-dege, dua-dua, baja-dua ....)

mouth percussion: perkussive Klangimitation durch Atem- Zungen- und Lippengeräusche, Scat-Silben, Konsonantenanhäufungen

body percussion: Unser Körper wird durch Klopfen, Klatschen, Fingerschnipsen, Trittgeräusche, Wischgeräusche, Schuhplattlern usw. zum Rhythmusinstrument.

call and response: Dieser Begriff kommt aus dem Gospel-Bereich: Ein Vorsänger intoniert eine Melodie, die Gruppe wiederholt das Gehörte gemeinsam. Für die vokale Umsetzung mit Kindergruppen eignen sich beispielsweise alle Arten von Geräuschimitationen, die Pentatonische Skala und die Blues-Skala.

pattern: eine melodische oder rhythmische Einheit, Muster, Modell

Improvisationsdauer: Es ist nicht wichtig, ob eine Improvisation besonders lang oder kurz ausfällt. Es kommt vielmehr darauf an, dass sich – eingerahmt von einem konkreten Beginn und einer überschaubaren Schlussphase – ein musikalischer Spannungsbogen entwickelt.

Freie Melodik: an eine Tonart/einen Rhythmus gebundene oder auch ungebundene, aus dem Moment heraus gestaltete, frei erfundene Melodie; uns Erwachsenen fällt es oft schwer, aus dem Moment heraus etwas zu singen, was uns gerade beschäftigt. Beobachten Sie Ihre Kinder – oft geschieht es, dass sie beim Spielen eine kleine Melodie intonieren, einen Text frei erfinden und diesen vor sich hinträllern. Dabei kümmert es sie nicht, ob ihr Stegreiflied »schön« klingt oder ob ihnen jemand zuhört. Ihr Gesang ist momentaner Ausdruck von Gefühl und Lebendigkeit und entspringt direkt ihrer schöpferischen Fantasie. Diese Art der freien Vokalimprovisation sollten wir kultivieren!

Freies Dirigieren: aus dem Moment heraus durch Bewegung (hauptsächlich der Arme und Hände, wobei unser ganzer Körper Zeichen zu geben in der Lage ist, die eine Gruppe klanglich umsetzen kann) eine Gruppe sängerisch anleiten. Beispiele:
- die Arme heben: Der Chor wird lauter oder singt höher.
- kurze Punkte in die Luft tupfen: Der Chor singt kurze, beliebig hohe Töne.
- die Arme senken und Punkte tupfen: Der Chor singt tiefere oder leisere kurze Töne.
- eine waagerechte Linie in die Luft malen: Der Chor singt einen langen, geraden Ton.

Fantasiesprache: geplapperte Silben und Worte, die keine direkt sprachliche Bedeutung haben müssen, die jedoch durch ihre Sprechmelodie und den jeweiligen szenischen Zusammenhang gedeutet werden können

1. Spiel: In der Runde spricht jedes Kind ein fantastisches, frei erfundenes Wort aus. Wer das verrückteste Wort erfunden hat, gewinnt.
2. Spiel: Zwei Plappermäuler sitzen sich gegenüber und werfen sich so lange gegenseitig fantastische Worte an den Kopf, bis einer Partei nichts mehr einfällt. Wer gewonnen hat, darf sich einen neuen Plappermaulgegner aussuchen.

Konsonanten-Kanon - Die alte Lok

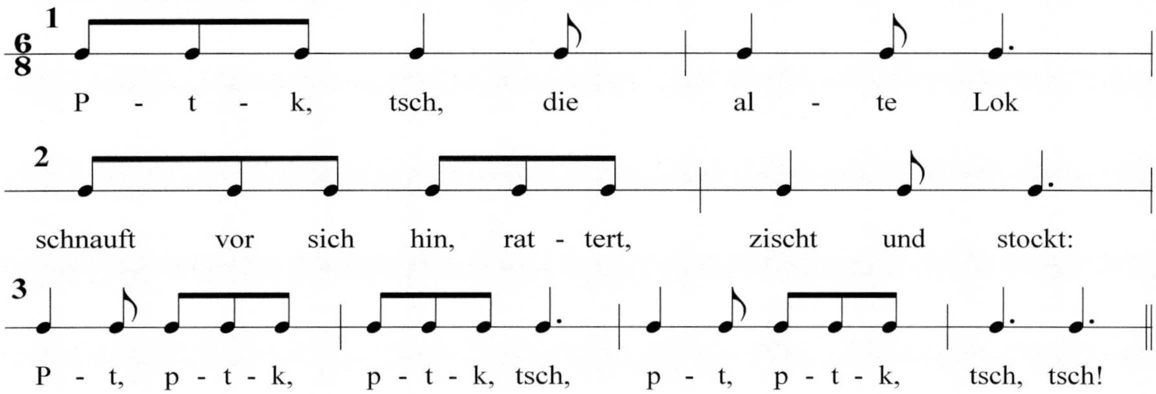

Die alte Lok

Dieser Kanon trainiert den Einsatz von Zwerchfellimpulsen. Der bei jeder Konsonantenbildung spürbare, für jeden Laut unterschiedliche Rückstau der Atemluft aktiviert die Zwerchfellmuskulatur. Hände auf den Bauch legen, und los geht´s! Natürlich könnte die Lok improvisatorisch munter weiterfahren, oder die Eisenbahn-Polonaise (vgl. S. 44) könnte folgen.

Wisch-tata

Es gibt verschiedenste *body percussion* – Geräusche, die wir für rhythmische Improvisationen verwenden können. Dazu zählen unter anderem gewischte Klänge (Hosenbein, Bauch, Unterarm, Handflächen), Klopf- und Klatschgeräusche aller Art sowie Schuhsohlen-Geräusche (vgl. *Tap Dance* und dessen Vorläufer *Sand Dance*). Im folgenden Stück kommen einige davon zum Einsatz.

Selbstverständlich macht es noch viel mehr Spaß, mittels *body percussion* zu improvisieren! Allgemein bekannte Kinderlieder könnten dabei als rhythmische Grundgerüste dienen. »Fuchs, du hast die Gans gestohlen« oder »Alle meine Entchen« bieten vergleichsweise einfache rhythmische Vorgaben, von denen sich die Musizierenden nach und nach improvisierend lösen könnten.

Schön, jedoch etwas komplizierter, ist die Mischung aus *mouth* und *body percussion.* Mittels grafischer Notation und/oder geschickter Einteilung aller Mitwirkenden in unterschiedliche Klanggruppen können so spannende Improvisationen entstehen!

Auch Rap-Texte lassen sich auf diese Weise interessant und ohne viel Aufwand begleiten und einrahmen. Viel Vergnügen beim Experimentieren!

Diese kleinen Rhythmus-Stücke dienen als Vorübungen für die anspruchsvolleren Stücke »Wisch-Tata« und »Rap«. Sie können mithilfe von *mouth* und *body percussion* oder mit *Scat-Silben* umgesetzt werden. Es empfiehlt sich, immer zuerst die obere Zeile gemeinsam zu üben, entsprechende Silben und Geräusche zu erarbeiten und danach mit zwei Gruppen zu musizieren. Viel Spaß!

Hallo Echo

Tänzchen

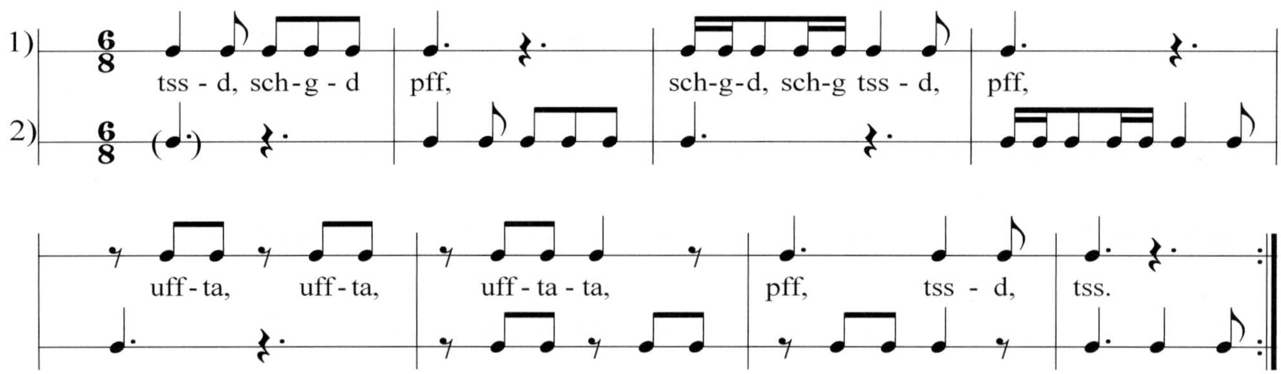

Zwei gegen Drei (Du Kakadu!)

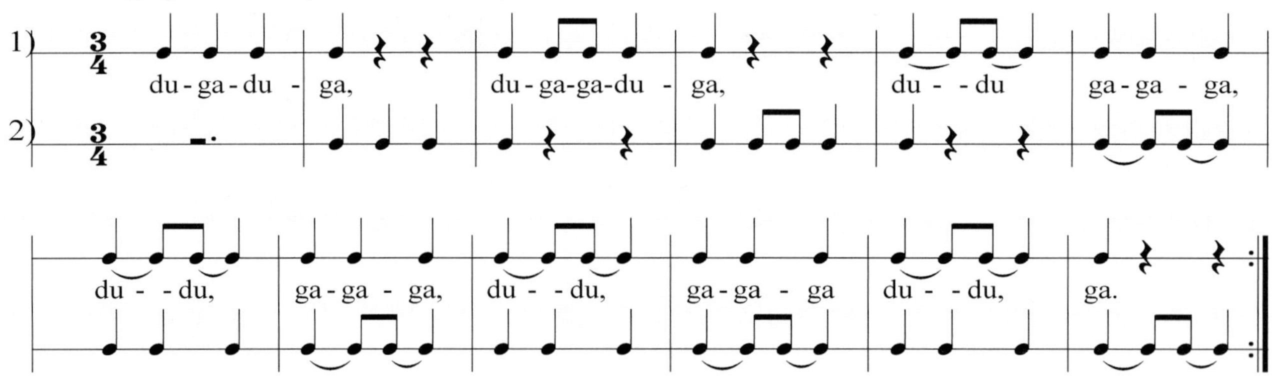

Wisch-tata!

body percussion im Sitzkreis, mit drei Gruppen musizierbar

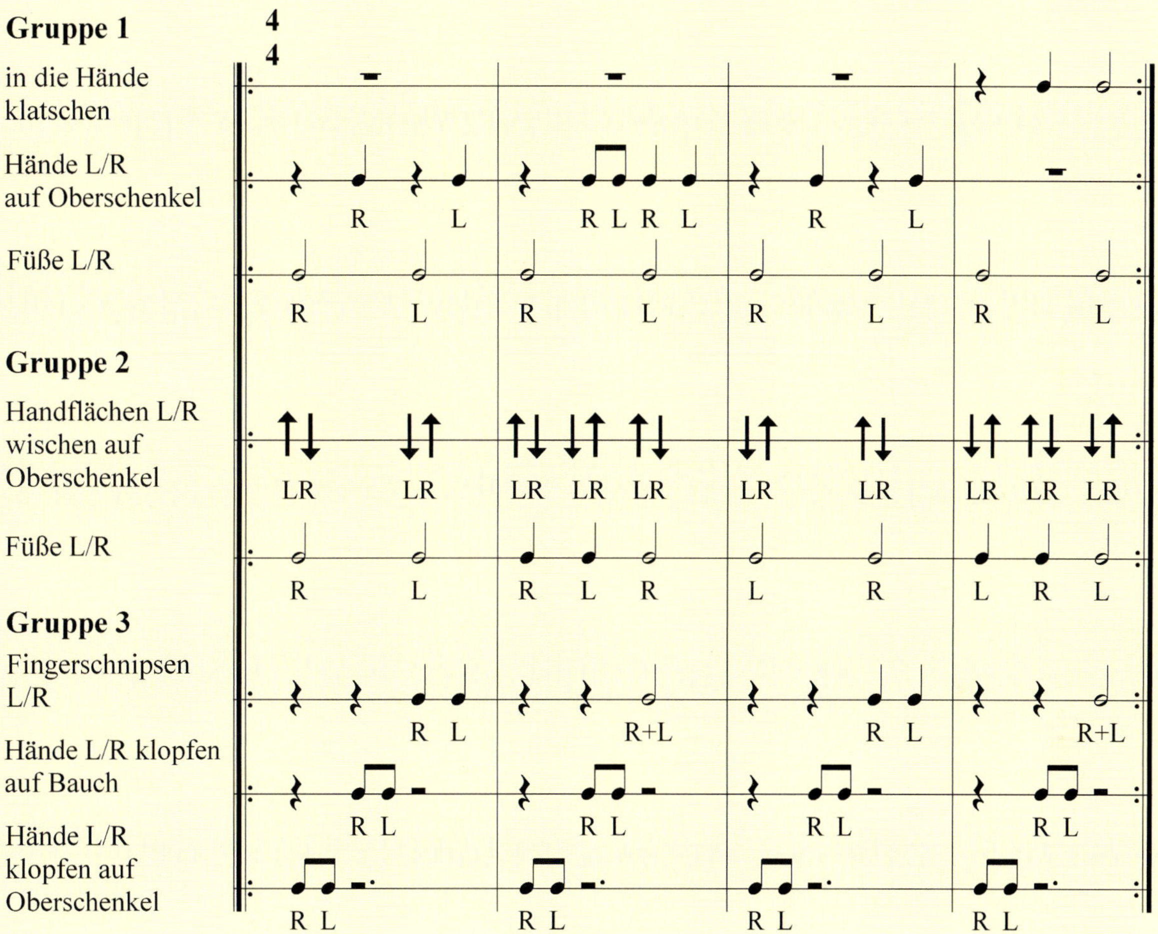

Schlagzeug-Rap

(mouth percussion / Scat-Silben)

Rap-Text

Imitation von Schlagzeug und Perkussions-Instrumenten

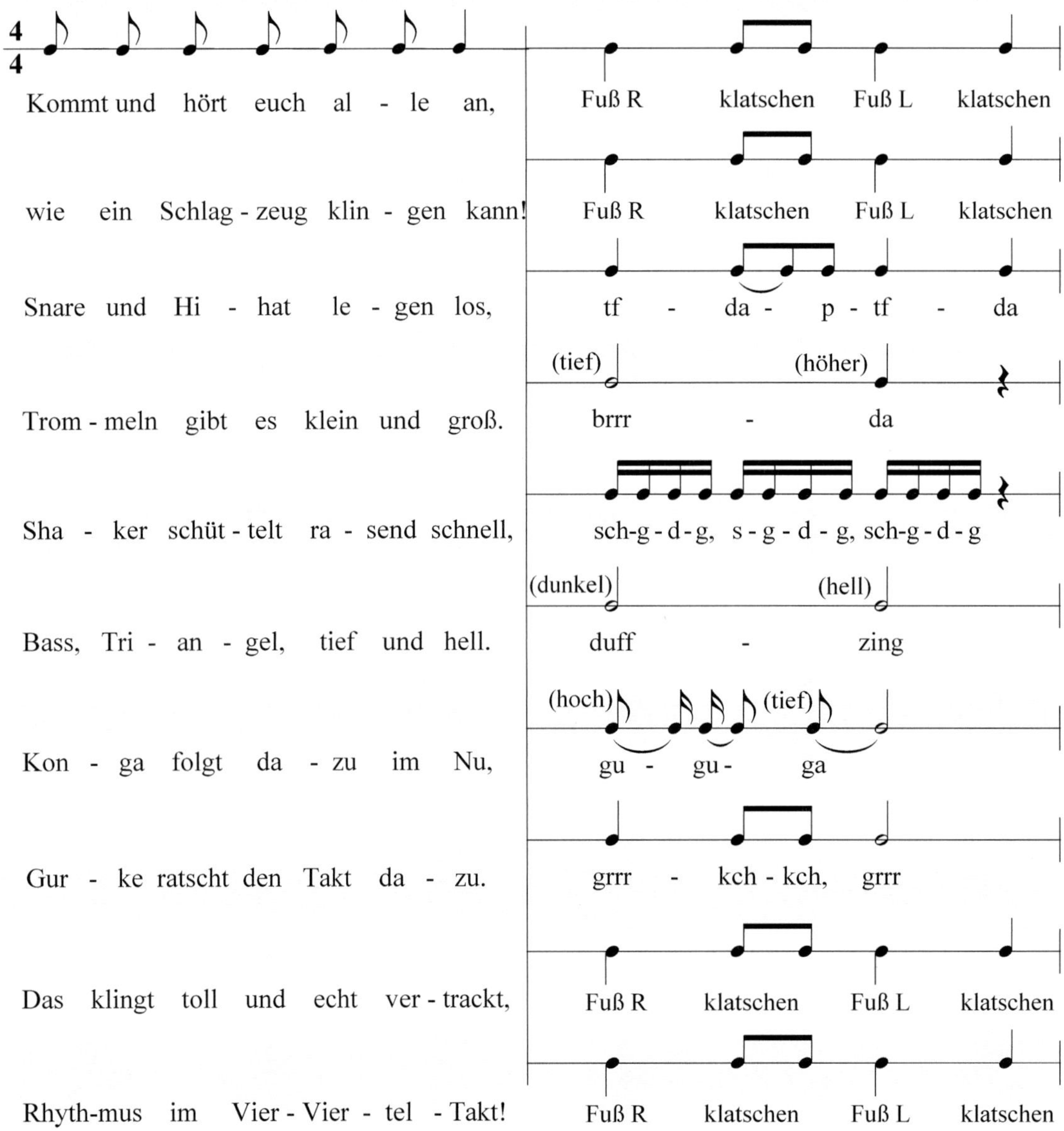

Fortsetzung Schlagzeug-Rap
Vorschläge für Imitationssilben und rhythmische *patterns*

Es macht großen Spaß, Imitationssilben und passende Rhythmen selbst zu erfinden! Hören Sie sich zusammen mit Ihren Kindern Aufnahmen von Schlagzeug und Percussions-Instrumenten an. Ahmen Sie die unterschiedlichen Klänge nach und fügen Sie sie zu rhythmischen Einheiten zusammen.

Tier-Ratespiel

Anleitung

Zur raschen Spielumsetzung haben wir Ihnen passende Kärtchen mit Tierabbildungen zum Kopieren vorbereitet. Schön wäre es, wenn Ihre Kinder die Kärtchen im Vorfeld selbst gestalteten.

Folgende Geräuschvorschläge könnten Sie gemeinsam mit Ihren Kindern erarbeiten bzw. ausprobieren. Bitte beachten Sie dabei, dass manche Tiere sehr laute Geräusche von sich geben! Hier gilt die Regel: Alle Nachahmungen in mittlerer Lautstärke umsetzen, um die Stimmbänder nicht überzustrapazieren.

Affe: u-u-u-a-a-a (»u« – kurze, hohe Laute, »a« kurze, abgehackte Glissandi nach oben)/u-hu-u-hu (tiefe Laute, hu als Einatemgeräusch)

Falke: iii-iii-iii (aus hoher Lage fallende Glissandi)

Bär: hmmm-hmmm (tiefes, summendes Brummen)

Schlange: sssssssssss (scharfes Zischen mit Zwerchfellimpulsen als Akzente)

Löwe: uaaao-uaaao-uaaao (bitte nicht zu laut)

Hahn: kickerikiii-i-i-iiiii (sehr heller Klang, zum Ende hin fallend)

Ente: quak-quak-quak, quaaak-quaaak-quaaak (kurz und hell in mittlerer Lage/auch lang und näselnd)

Esel: i-aaa–i-aaa (kurzes, vorsichtig eingeatmetes »i«, langes, fallendes a)

Pferd: uiii-hi-hi-hi-hi-hi-hiii, bphrrrrrrr (mittleres »u«, hohes »i«, die hi-s stetig fallend, schnaubendes Lippenatemgeräusch/stimmloser Lippenpropeller)

Ziege: mä-ä-ä-ä (meckernder, nasaler, immer wieder unterbrochener Ton)

Schwein: chrrroa-chrrroa (schnarchend durch Einziehen der Luft und Gaumensegelvibration)

Kuh: mmmuuuh-mmmuuuh (m aus der Tiefe aufsteigend, u auf fester Tonhöhe, dann fallend)

Schaf: bäääh-bäääh (plötzlich einsetzendes ä in mittlerer oder tiefer Lage, fallend)

Hund: wau, wuff, grrrr (»w« klingend, »au« fallend, kurze Laute in allen Lagen)/uuuu-uuuu-uuuu (»u« aus hoher Lage fallend: winseln)

Katze: mmmiau, kchchch (eng geformtes »m«, »iau« sehr nasal und fallend/hinteres Gaumen-»ch«)

Spatz: tschilp-tschilp (sehr kurze, helle Laute)

Taube: gurrruuu-gurrruuu (Rachen-»r«, fallendes »u«)

Frosch: quaa-ka-ka-ka-kak (»quaa« lang und leicht steigend, kurz abgehackte »ka«-Laute)

Fisch: uooou-uooou-uooou (stumm mit Lippen und Unterkiefer formen)

Krähe: krraaah-krraaah (Rachen-»r«, aus mittlerer Lage fallendes, helles »a«)

Eule: uhuuu-uhuuu (»u« mittlere und höhere Lage, huuu fallend, alle »u«-s mit großer Gähn-Stellung des Gaumensegels)

Küken: bi-bi-bi (sehr kurze, hohe Laute)

Elefant: ppppp-ppppp (Lippentrompete: Lippen zusammenpressen und Luft hindurchdrücken)

Wolf: auuuuu, auuuuu (tiefes »a«, in hohes, fallendes »u«-Geheul übergehend)

Hummel: ssss-sssummm (stimmhafte Glissandi in tiefer und mittlerer Lage)

Schnake: ssssssss (nervig hohe Lage mit leichter, wellenartiger Tonabwandlung)

Hirsch: bööööh-bööööh (langes, fallendes, offenes ö/a/o)

Papagei: grrrr-a, grrrr-a, i-i-i (Rachen-»r«, kurzes, tieferes »a«/sehr helles, kräftiges i)

Pfau: oaaaa-oaaaa-oaaaa (kurz ansteigend und wieder fallend, nasal/gaumig)

Maus: vi-vi-vi (fast quietschende, nach oben glissandierende, hoch angesetzte Laute)

Meerschweinchen: m-m-m (fkurze, helle, rasch nach oben glissandierende Laute)

Spielverlauf

Nachdem alle Tierlaute gemeinsam ausprobiert wurden, werden alle Tierkärtchen gut gemischt in der Runde verteilt. Schön wäre ein Sitz- oder Stehkreis. Im Stehkreis können die einzelnen Tiere nicht nur klanglich, sondern auch mimisch dargestellt werden.

Jedes Kind sieht sich sein Kärtchen an und überlegt den passenden Tierlaut, und schon kann es losgehen! Der Reihe nach werden die Laute vorgestellt. Wer das vorgestellte Tier zuerst errät (bitte mit Handstrecken oder Händeklatschen arbeiten, sonst entsteht ein Durcheinander), darf das dazu passende Kärtchen einsammeln. Wer am Ende die meisten Kärtchen ergattern konnte, wird mit einem Tierkonzert belohnt!

Hierfür darf das Kind, das gewonnen hat, alle Kärtchen seiner Sammlung an von ihm ausgewählte Kinder verteilen. Diese bilden zusammen ein Tierstimmen-Orchester, das vom Gewinner dirigiert wird (siehe Übungen zum freien Dirigieren). Das klingt wunderbar lustig!

Geräuschgeschichten

Rabines Glück im Unglück

Dies ist eine Klang-Geschichte! Wenn euch während meines Vorlesens passende Geräusche dazu einfallen, ahmt sie mit eurer Stimme einfach nach. Dazu werden wir gleich einen ersten Versuch starten, um auszuprobieren, wie das Ganze funktioniert. Achtung, es geht los!

Es klopft an die Tür. .... Die Tür öffnet sich quietschend. .... Wer stolziert herein? Der Hahn von Bauer Kalle! ....

Diese Geräusche habt ihr prima nachgeahmt! Aufgepasst, jetzt folgt eine längere Geschichte. Sie handelt von einer jungen Krähe und davon, wie sie gerettet wurde.

Es stürmte mächtig in dieser dunklen Nacht. ....Gleißende Blitze ...... und rumpelnder Donner ..... erschreckten eine Krähenfamilie, die in einer alten Pappel in ihrem Nest hockte. Die schwarzen Vögel krächzten angstvoll .... und kuschelten sich eng aneinander, um dem Unwetter zu trotzen. Doch der Sturm heulte immer lauter .... und wurde so stark, dass er die Pappel mit dem Krähennest von oben bis unten durchschüttelte .... Ächzend bog sich der alte Baum hin und her .... Er schüttelte seine Äste, Zweige und Blätter .... und sein Stamm zerbrach ....! Das Krähennest stürzte mitsamt seinen Insassen zu Boden .... Die Kräheneltern konnten sich gerade noch in Sicherheit bringen. Aufgeregt flatterten sie umher und riefen nach ihrem Krähenkind ....

Die arme kleine Krähe konnte sich nicht rühren. Sie hatte den Sturz zwar überlebt, war jedoch zwischen Ästen am Boden eingeklemmt und konnte vor lauter Schreck nur leise piepsen .... Zu allem Unglück hatte sie sich auch noch ein Beinchen gebrochen und litt große Schmerzen ....

Der Sturm wollte nicht enden .... Die Nacht brach herein, und die Kräheneltern riefen vergeblich nach der kleinen Krähe ...., die am Boden hockte und vor Angst mit ihrem Schnäbelchen klapperte ...... Schließlich flogen die Eltern davon, und die kleine Krähe blieb ganz allein im Unwetter zurück ....

Ihr könnt euch denken, welch große Angst das Krähenkind hatte! Mitten in der Nacht, als der Sturm sich endlich gelegt hatte ...., rief ein Käuzchen zur Jagd........ Wenig später schlich eine Katze vorbei........! Zum Glück entdeckte sie den kleinen Vogel nicht. Zweige knackten ...., und die kleine Krähe ängstigte sich sehr. Schließlich schlief sie vor Erschöpfung ein ....

Am nächsten Morgen wurde sie von lautem Fahrrad-Geklingel geweckt .... Familie Friedrich machte einen Ausflug, radelte zufällig an der umgeknickten Pappel vorbei und hielt mit quietschenden Bremsen an ....

»Seht nur, was der Sturm angerichtet hat!«, rief Papa Gerd. »Oje, der arme Baum!«, rief Leonie. »Dort bewegt sich etwas zwischen den Zweigen!«, sagte Lutz und stieg ab. »Sei vorsichtig«, mahnte Mama Renate, »weitere Äste könnten abbrechen und dich verletzen!«

Lutz stakste über die zerbrochenen Zweige hinweg ...., dabei zerriss er sich ein Hosenbein .... Lutz kümmerte sich nicht weiter darum, sondern näherte sich vorsichtig dem geheimnisvollen schwarzen Etwas. Das Etwas piepste kläglich .... »Es ist eine junge Krähe!«, rief Lutz aufgeregt. »Sie ist verletzt, wir müssen ihr helfen!«

So wurde die kleine Krähe gerettet. Familie Friedrich beschloss, den verletzten Vogel zu bergen und zum Tierarzt zu bringen. Danach durfte die junge Krähe bei den Friedrichs wohnen und wurde von Leonie und Lutz liebevoll aufgepäppelt. Nach einigen Wochen war das Krähenkind wieder gesund und konnte zu den anderen Krähen in die Freiheit zurückfliegen. Das war ein lautes Wiedersehen ....!

Jetzt wisst ihr, wie Klang-Geschichten funktionieren, und könnt nun selbst spannende oder lustige Geschichten erfinden, in denen viele verschiedene Geräusche vorkommen.

Der Hund Tati

Ich habe einen kleinen Hund ...... mit Namen TATI. Hunde ..... stammen von Wölfen .... ab und leben gerne im Rudel. Jeder Hund .... im Rudel hat einen bestimmten Rang, ganz oben steht der Leithund. Man könnte sagen, ich bin TATIs Leithund. Wohin ich auch gehe, sie folgt mir auf Schritt und Tritt. Gehe ich die Treppe hinauf ....., klettert sie hinterher .... Renne ich um die Ecke ...... und verstecke mich hinter einem Baum, rast sie hinterher ...... und sucht mich. Dabei schnüffelt sie laut ...... mit ihrer feinen Hundenase und hechelt zufrieden ...., wenn sie mich aufgespürt hat.

Jeden Morgen bringt mir Tati einen ihrer Hundekekse ans Bett. Das ist ihre Art, mir »Guten Morgen!« zu sagen. Wenn ich laut gähne ....., wedelt sie mit ihrem hübsch gebogenen Schwänzchen .... und tappst .... auf ihren vier Pfoten in die Küche voran. Sie sieht mir zu, wie ich den Wasserhahn aufdrehe ..... und wartet zusammen mit mir darauf, dass das Kaffeewasser sprudelt und kocht .... Ist der Kaffee fertig, gieße ich mir eine Tasse voll ein ...., rühre ein Löffelchen Zucker hinein ......, und wir gehen in den Garten. Schon im Voraus winselt Tati vor lauter Ungeduld ...., und öffne ich die Haustür ......, rennt sie wie ein Wildpferd ..... in vollem Galopp ...... über den Hof und begrüßt laut bellend ..... den neuen Tag.

Oft geschieht es, dass ich zur Arbeit oder zum Einkaufen gehe. Dorthin kann ich Tati leider nicht mitnehmen. Voller Empörung hüpft sie dann auf die Gartenmauer ..... und heult mir wie ein Wolf hinterher ...... Die Leute, die an der Mauer vorbeigehen ......, denken wohl, Tati sei ein furchtbar armes Tier, dabei hat sie es wirklich gut bei mir!

Wenn ich länger als zwei Stunden fort bin, darf

Tati nämlich zur Hundesitterin, damit sie nicht allzu lange allein sein muss. Unsere Hundesitterin hat selbst einen Hund .... und darüber hinaus auch noch ein Pferd ..... und zwei Esel .....! Tati darf mit auf die Weide und ist in bester Gesellschaft, bis ich wieder nach Hause komme. Sie jagt den zwitschernden Vögeln nach ...., beobachtet die Frösche am kleinen Teich ......, planscht im Wasser herum ......, knurrt .... die rote Katze an ...., die im Stall wohnt, und sieht Nachbars Kühen zu ....., wie sie Gras rupfen ....

Wieder daheim ist Tati so hungrig vom vielen Herumtollen ....., dass sie sofort an ihren Hundenapf geht, der mit feinem Futter gefüllt ist. Heißhungrig macht sie sich ans Fressen, kaut ...... und schmatzt ...... und schleckt sich genießerisch das Mäulchen ......

Zum Abschluss schlabbert sie noch etwas Wasser ....

Als Dankeschön stupst sie mich mit ihrer kalten Hundenase an, dann hüpft sie in ihr Körbchen ...... und beginnt zu schlafen .... Wenn sie aufregende Dinge träumt, winselt sie........ oder bellt .... im Schlaf, und ihre Pfoten bewegen sich, als ob sie über eine grüne Wiese rennen würde .... Manchmal schnarcht sie auch ein bisschen ....., das klingt besonders lustig. Vielleicht träumt sie ja dann gerade von einem besonders großen Knochen, den sie abgenagt hat ....?

Ich weiß es nicht, schließlich können Hunde .... ja nicht sprechen .... Aber auf ihre ganz spezielle Weise zeigt mir Tati jeden Tag aufs Neue, dass sie mit ihrem Hundeleben zufrieden ist. Und wenn Tati zufrieden ist, bin ich es auch.

Der Dino und die Puppe

Hans ist wütend. Er steht da und heult vor lauter Zorn ...... Dann stampft er mit dem Fuß auf ..... »Du bist gemein!«, ruft er. ...(wörtliche Rede wiederholen)... Gemeint ist seine Schwester Sarah. Sie ist beinahe zwei Jahre älter als Hans und trällert vergnügt vor sich hin .....(lalala) .....

Da geht die Tür auf ......, und Vater kommt herein. »Was ist denn los?«, will er wissen ...(wörtliche Rede wiederholen) ...

Hans heult in höchsten Tönen .... »Sarah ist gemein zu mir!«, ruft er ...(wiederholen) .....

Sarah trällert unbekümmert weiter .... In der Hand hält sie einen Plüsch-Brontosaurier ...(Roooaaaar!) .....

Wie ihr alle wisst, waren Brontosaurier .... in Wirklichkeit riesengroße Dinosaurier mit furchtbar langen Hälsen. Sie ernährten sich von Pflanzen ....

und stapften langsam durch die Gegend .... Das alles wissen wir, weil viele Dinosaurierknochen gefunden ...(staunen) ...., ausgegraben ......, untersucht und wieder zusammengesetzt worden sind.

Der Plüsch-Dino sieht allerdings recht seltsam aus: Sein kleiner Kopf ragt aus einem dicken Knoten heraus, den Sarah auf seinen langen Hals gemacht hat! Sarah lacht böse .... und zeigt Vater den Dino. Hans schnieft .... und schluchzt laut ....

Vater fragt Sarah, warum sie den armen Dino denn so zugerichtet habe.

Sarah ruft wütend: »Hans ist auch gemein zu mir!«...(wiederholen) .....

Fragend blickt Vater sie an. Sarah deutet auf ihre Puppe. Die Puppe sitzt auf der großen Dampflokomotive .... Aber was ist das? Ihre Gesicht, ihre Arme, ihre Hände, die Haare und das Kleid sind kohlrabenschwarz angemalt! »Du meine Güte!«, staunt Vater ... (wiederholen) .... und schlägt die Hände über dem Kopf zusammen ....

Hans erklärt, dass die Puppe gerade Lokomotivführer und Heizer sei, und die wären doch von Kopf bis Fuß ganz schwarz vom vielen Kohleschippen ....

Da muss Vater lachen .... Er lacht so sehr, dass es ansteckend wirkt, und Hans und Sarah können nicht anders, sie müssen einfach mitlachen .... Sie lachen so lange, bis sie wie von selbst wieder miteinander versöhnt sind!

Gemeinsam reparieren sie den Schaden. Die Puppe wird so sauber gewaschen ......, dass sie mit den Augenlidern klappert ...... und »Mama!« ruft .... Der lange Dinohals wird vorsichtig entknotet .... Aus Papier .... schneidet Vater mit einer großen Schere ..... zwei Flügel aus und befestigt diese am Rücken des Dinos. Jetzt sieht der Brontosaurier .... wie ein feuerspeiender Märchendrache aus ....(fauchen) ....!

Der Märchendrache wird als Lokomotivführer und Heizer eingesetzt, und die Puppe darf als Passagier mitfahren. Und los geht die Fahrt ....!

Improvisationsspiel: Die Quatsch-Maschine

Alle Kinder stellen einzelne Maschinenteile dar, aus denen sich eine große Maschine zusammensetzt, die seltsame, lustige, spannende, quietschende usw. Geräusche von sich gibt.

Das erste Kind begibt sich in eine fantasievolle Pose, vollführt eine stereotype Bewegung und improvisiert dazu passend ein Geräusch. Das zweite Kind sucht sich eine Pose aus, durch die es mit dem ersten Kind in Berührung kommt. Beispielsweise nimmt es das erste Kind an der Hand oder stellt seinen Fuß dicht neben den Fuß des ersten Kindes, steht mit dem ersten Kind vielleicht auch Rücken an Rücken, hakt sich bei ihm unter oder berührt es mit dem Kopf usw. Dann macht es ebenfalls eine typisch maschinelle Bewegung und singt oder spricht ein passendes Geräusch dazu. Alle anderen Kinder verfahren nach und nach ebenso, bis am Ende eine unentwirrbare, sich absurd bewegende, die unterschiedlichsten Töne produzierende Quatsch-Maschine entsteht.

Lustig ist es, wenn die Maschine nach und nach langsamer arbeitet und still steht, dann ihre Arbeit wieder aufnimmt und ganz schnell wird usw., dies könnte vorher abgesprochen und von außen dirigiert werden.

Kurze Einstimmungsspiele

Rhythmus und Bewegung

a) **Schritt für Schritt – wer kommt mit?** (aufeinander hören)
Alle Kinder bewegen sich im Raum. Ihre Schritte haben jeweils bestimmte Längen und bilden dadurch verschiedene Grundrhythmen, die zuerst ganz durcheinander klingen. Alle Kinder machen ihre Schritte zusätzlich hörbar, indem sie sie – jedes Kind für sich – durch ein vokales Geräusch begleiten (z. B. eine kurze gesungene Silbe, wie »du«, »wo«, »la«, »piep«). Jetzt klingt alles noch viel mehr nach einem großen Tohuwabohu!
Eines der Kinder bekommt einen Ball zugeworfen und ist nun das Vorbild. Alle anderen Kinder versuchen, die Schrittfolge und den Silbenklang dieses Kindes nachzuahmen, bis sich schließlich ein einheitliches Gehen mit einem einzelnen Silbenklang entwickelt.
Anschließend können Schrittlänge und Silbe zur Veranschaulichung in Notation (an der Tafel oder mit Notenkärtchen) und Geräusch (z. B. mit Klatschen, Tamburin, Trommel) umgesetzt werden.
Spannend wird es, wenn zwei oder drei Bälle ins Spiel kommen: Nach und nach kristallisieren sich so zwei oder drei Gruppen mit unterschiedlicher Schrittlänge und verschiedenen Silbenklängen heraus.

b) **Spaziergang vom Berg ins Tal** (unterschiedliche Notenwerte)
Gehen im Raum. Für jede Gangart überlegen wir uns zuvor passende Silben oder einsilbige Wörter, wie z. B. »Schnee«, »Hang«, »Gras«, »Dorf«, »Meck«. Im

jeweiligen Rhythmus der Schritte könnten diese Silben intoniert werden.

- Wir stapfen langsam den Berg hinab durch tiefen Schnee (ganze Noten).
- Wir steigen gemächlich einen Hang hinunter über Stock und Stein (halbe Noten).
- Wir gehen gemütlich über eine Wiese spazieren (Viertelnoten).
- Wir trippeln den Weg zum Dorf entlang (achtel Noten).
- Wir rennen los, damit uns der wilde Ziegenbock, der uns ins Tal gefolgt ist, nicht auf seine Hörner nimmt (Sechzehntelnoten)!

c) **Abwechselnd langsam und schnell innerhalb einer Schrittfolge**
Wir hören verschiedene Rhythmen und versuchen, sie mithilfe von Schrittfolgen umzusetzen. Als Vorlage dienen uns bekannte Lieder oder Liedanfänge und leichte Kanons. Zuerst singen wir das jeweilige Lied gemeinsam, dann gehen wir singend im Rhythmus durch den Raum, anschließend klatschen wir den Rhythmus und versuchen, ihn aufzuschreiben oder mit Notenkärtchen zu legen.

Gegenseitiges Kennenlernen

Wir stehen im Kreis. Ein Ball wird geworfen. Jedes Kind singt beim Werfen mit einfachen Ruflauten den Namen des Kindes, das den Ball als Nächstes fangen darf. Beispiel: Sa – bi – ne (Töne: C – E – C), An – to – nio (Töne: G – G – E). Die Gruppe wiederholt den gesungenen Namen.

Falls die Kinder noch keine selbstständigen Tonfolgen zustande bringen, kann der Ball auch immer wieder über die Person, die die Gruppe anleitet, zusammen mit dem gesungenen Namen ins Spiel gebracht werden (*call and response*). Kleine Melodiefolgen könnten weiterführend entstehen, z. B.: Sa – bi – ne (Töne: g′ – g′f′e′d′ – c′), An – to – nio (Töne: c′e′g′ – c′′g′e′ – c′).

Hört gut zu! (Wie man in den Wald hineinruft, so schallt es wieder heraus!)

Wir stehen im Kreis. Jedes Kind darf der Reihe nach ein Geräusch vormachen, die Gruppe reproduziert den Klang gemeinsam (*call and response*).

Mögliche Geräusche wären beispielsweise einzelne Töne, Laute, Gefühlsäußerungen, kleine Melodiefolgen, Tierstimmen oder nachgeahmte Klänge aus unserer Umgebung. Auch aus dem Bereich body *percussion* oder *mouth percussion* wären Geräusche denkbar.

Falls die Klangkulisse zu bunt wird, kann das Spiel auf ein einzelnes Klanggebiet reduziert werden (z. B. Melodien/Tierstimmen / Maschinenpark / Naturgeräusche).

Bunte Vokal-Kompositionen mithilfe grafischer Notation

Es gibt verschiedenste Methoden, einen Kompositionsidee zu Papier zu bringen. Beispielsweise könnten wir alle Noten, die uns zu unserem neuen Musikstück einfallen, fein säuberlich aufschreiben und gleich eine ganze Partitur mit allen dazugehörigen Melodien, deren Begleitsatz und harmonischem Gerüst anfertigen. Wir könnten auch lediglich die harmonische Struktur eines neuen Stücks festhalten, oder wir benutzen einfache, grafische Zeichen, um unsere Ideen rasch zu skizzieren.

Letztere Methode, die grafische Notation, lässt uns viel Spielraum bei der Aufführung, ein improvisatorischer Charakter schwingt bei jeder Wiederholung

grafische Notation **Beispiele für vokale Umsetzungsmöglichkeiten**

Silben für rasche Läufe: lalala, dabadaba, schubidubi, wajadaja, dubadaja, jagadaga...
Silben für einzelne Töne: ba, wa, la, do, wu, dü, no...

grafische Notation

vokale Umsetzungsmöglichkeiten

mit, und unsere musikalischen Einfälle können immer wieder neu und spannend interpretiert werden.

Allein eine einzelne Linie kann auf unterschiedlichste Weise in Stimmklang umgesetzt werden: sie kann zum Beispiel Tonhöhe, Tondauer oder Lautstärke bezeichnen, sie kann uns wie ein roter Faden durch eine mehrstimmige Komposition hindurch begleiten, oder sie lässt uns plötzlich in einem Meer aus Klängen zurück, und wir müssen ohne sie den Weg nach Hause finden.

Szenen aus dem Stegreif singen und spielen

Wir denken uns einige lustige Szenarien aus und spielen sie mit allem, was wir haben: Fantasiesprache, freie Melodik, Geräuscheimitation, Stegreiftheater.

Beispiel 1

Wir nehmen uns das Thema Hühnerhof vor. Dazu brauchen wir einige Hennen und Küken, einen stolzen Gockel und eine Katze. Vielleicht noch Bäuerin oder Bauer, und schon geht´s los.

Die Hühnerfamilie verteilt sich auf dem Hühnerhof. Die Hennen gackern leise, die Küken trippeln ihnen hinterher und piepsen, der Gockel scharrt im Dreck und kräht ein stolzes Kikeriki. Da kommt die Bäuerin mit Körnern! Sie lockt die Hühnerschar an und streut »Kschschsch!« das Futter aus. Hei, plötzlich kommen alle Hühner angeflattert! Sie picken eifrig das Futter auf. Der Hahn schafft sich Platz und holt sich die besten Stücke. Die Bäuerin greift sich ein wild protestierendes Küken, streichelt es und lässt es wieder frei. Das Küken rennt wild piepsend zu seiner Hühnermutter und beschwert sich lautstark. Die Henne ist empört und gackert böse. Die Bäuerin lacht und geht ins Haus zurück. Aber was ist denn dort hinten los? Eine Katze schleicht auf leisen Pfoten über den Hof! Schnurrend setzt sie sich hin und putzt sich das Fell. Mit einem Auge schielt sie auf die unerfahrenen Küken.

Beispiel 2

Wir wählen das Thema Zoo. Eine Familie macht einen Ausflug in den Zoo. Wir stellen die Familie zusammen, dann überlegen wir uns verschiedenste Tierarten, die im Zoo leben, schließlich brauchen wir noch einen oder zwei Tierpfleger, einen Eisverkäufer usw.

Die Familie rüstet sich für den Ausflug (Fantasie-Plappersprache) und marschiert los. Am Zooeingang wird bezahlt, dann gibt es vielleicht ein Eis vom Eismann oder Futter für die Papageien, und schon geht es zu den Käfigen. (Um ein Geräusche-Durcheinander zu vermeiden wäre es ratsam, abwechselnd immer nur jeweils eine Tierart auf- und wieder abtreten zu lassen.)

- Die Papageien flattern wild herum und zeigen ihre Sprach- und Flugkünste. Zum Lohn gibt's Nüsse zu knabbern. Ein Papagei zwickt Papa in den Finger.
- Bei den Affen gibt es Streit um das Futter.
- Die Raubtiere werden vom Tierpfleger gefüttert.
- Die Seelöwen führen Kunststücke mit einem Ball vor und erhalten Fisch.
- Auf den Ponys darf geritten werden!

Beispiel 3

Wir befinden uns auf dem Wochenmarkt. Händlerinnen und Händler preisen lautstark unterschiedlichste Waren an (bitte auf gemäßigte, stimmbandschonende Lautstärke achten oder alles mit frei erfundenen Melodien singen lassen). Eine Mutter mit Kind geht von Stand zu Stand und kauft ein (Fantasie-Plappersprache oder ebenfalls singend). Das Kind möchte die Tasche halten und wird irgendwann grantig, weil Mutter ihm die Tasche nicht überlassen möchte. Mutter reagiert mit Fantasie-Sprache: genervt oder liebevoll, schimpfend oder mit einem Lied.....Die Marktleute reagieren ebenfalls und mischen sich ein..... Da tritt ein Dieb auf! Während sich alle um das heulende Kind kümmern, stiebitzt er Mutters Geldbeutel.

Weitere mögliche Szenarien

... auf dem Schulhof, auf dem Sportplatz, im Turnverein, im Schulunterricht, im Wald, auf der Straße, auf dem Spielplatz, beim Rockkonzert, in der Oper, zickige Teenager, auf dem Jahrmarkt, Mutter und Kind, drei streitende Hexen, vier konkurrierende Zauberer, beste Freunde/beste Freundinnen können sich auch einmal streiten, im Tante-Emma-Laden, auf einer Hochzeit.

Spannend wäre auch, unsere schönsten Märchen oder Szenen aus bekannten Kinderbüchern in Stimmklang und Stegreifspiel umzusetzen! Ein kurzes Drehbuch und die Rollenverteilung sind rasch gemeistert (Sie werden staunen, wie aktiv und fantasievoll Ihre Kinder damit umgehen können), und schon kann's losgehen!

Improvisation über Farben

Freie Improvisationen über Farben können in der Gruppe, in kleineren Besetzungen oder auch solistisch umgesetzt werden. Möglich wäre auch, mit freiem Dirigat oder mit grafischer Notation zu arbeiten, aber auch die direkte Umsetzung ohne diese von außen strukturierenden Maßnahmen ist denkbar. Letzteres ist erst dann zu empfehlen, wenn Ihre Kinder schon etwas Improvisationserfahrung gesammelt und gelernt haben, einander aufmerksam zuzuhören und aufeinander zu reagieren.

Ein Kind hat die Farbe ROT ausgesucht. Wir bilden einen Kreis und legen ein rotes Blatt Papier in die Mitte. Nun gibt es mehrere Möglichkeiten: Wir improvisieren mit Worten, mit Tönen und Klängen oder einfach wild drauflos.

a) Improvisation mit Worten über die Farbe ROT
   Vorbereitend sammeln wir möglichst viele rote Farbtöne, notieren sie oder malen sie auf und verteilen sie an die verschiedenen Improvisierenden. Wir könnten damit beginnen, dass wir das Wort ROT ganz unterschiedlich aussprechen und singen. Da Rot eine sehr aktive Farbe ist, wird wohl auch eher eine aktive Stimmgebung passend sein. »ROOOOOT«, »RRRR«, »OOOOO«, »TTTT«, »TOTO«, »RORO«, »OTTO« usw. könnte als erste Improvisation gesungen und gesprochen erklingen. Das ergibt schon ein aktives, dichtes und spannendes Wortsalat-Klangbild.
   Nun könnten weitere Rottöne folgen: ein kräftiges »KNALLROT« oder ein zart gehauchtes »ROSAROT« und »RUBINROT« usw. Nun könnte eines der Kinder das Wort »TOMATE« in die Sprechimprovisation hineinsingen, nach und nach könnten alle Kinder mit einfallen. Das lustige kleine Zungenbrecherlied vom Tomatensalat, das Sie sicher alle kennen, könnte daran anschließen und die Improvisation beenden.

Mit grafischer Notation würde das folgendermaßen aussehen:

Improvisation über ROT

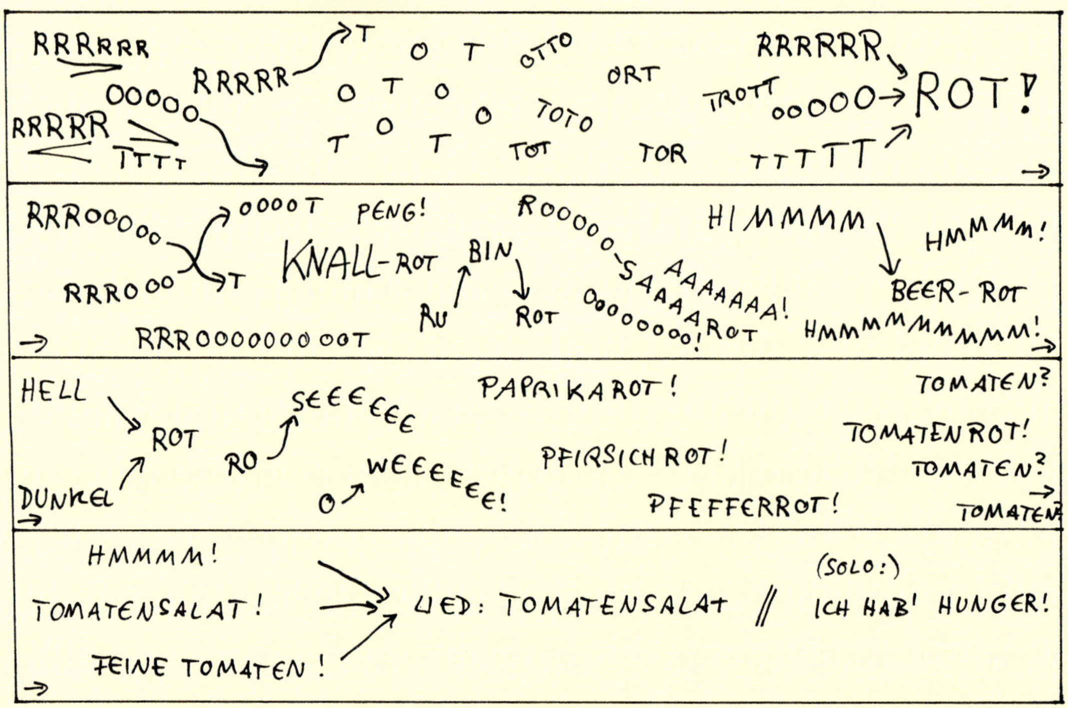

Improvisation über ROT und BLAU

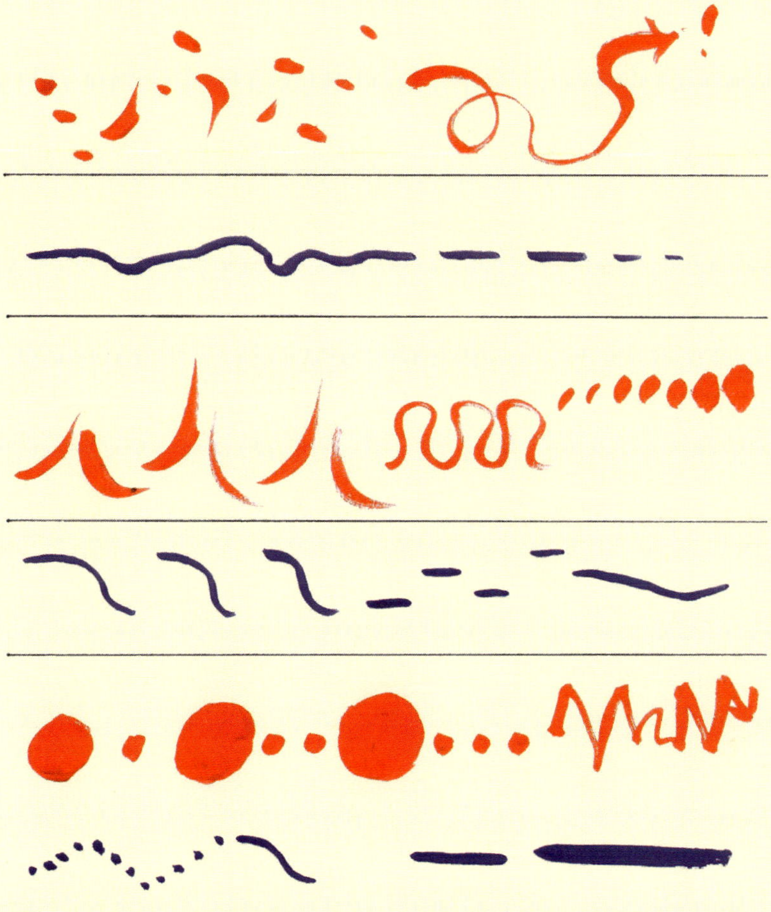

1 – Solo Rot

2 – Solo Blau

3 – Solo Rot

4 – Solo Blau

5 – Duo Rot + Blau

b) Improvisation mit Klängen und Tönen über die Farbe ROT
Vorbereitend überlegen wir gemeinsam, welche Art von Klängen und Tönen passend wären
Um uns von anderen Farben abzugrenzen, könnten wir ROT mit BLAU vergleichen. Welche Klänge und Töne würden hier eher passen?
Wir notieren die Unterschiede beispielsweise wie folgt:

- ROT – BLAU
- Feuer – Wasser
- kurze, kräftige Töne singen – lange, weiche Töne singen
- mehrere Töne gleichzeitig singen – einzelne Melodielinien singen
- helle, höhere Töne singen – dunkle, tiefere Töne singen
- Vokale: o, e, i – Vokale: a, u

- feurige Melodik – sanfte Melodik
- hüpfend, springend, unruhig – verhalten, fließend, ruhig

Jetzt kann's losgehen. Wir improvisieren über ROT!

Da wir gerade eine schöne Liste für BLAU erstellt haben, improvisieren wir gleich danach über BLAU.

Wir stellen fest, dass beide Improvisationen sehr unterschiedlich klingen! Daraus könnten wir gleich ein neues Stück machen: ROT und BLAU.

An dieser Stelle empfiehlt es sich, mittels grafischer Notation einen kleinen »Fahrplan« zu komponieren. Möglich wäre auch, ein oder zwei Kinder zwei Gruppen dirigieren zu lassen: Eine rote und eine blaue Gruppe wechseln sich gegenseitig singend ab, singen gemeinsam, tauschen die Rollen usw. und finden gemeinsam einen Schlussklang.

Auf diese Weise könnten Sie mit allen möglichen Farben und Farbschattierungen arbeiten, Ihrer Fantasie und der Ihrer Kinder sind dabei keinerlei Grenzen gesetzt!

Wichtig wäre, immer wieder zu hinterfragen, wie eine Improvisation *geklungen* hat, ob sie gelungen ist, ob sie gefallen hat oder was noch eingebaut und verändert werden könnte.

So werden nach und nach Erfahrungen gesammelt, bilden sich Hörgewohnheiten heraus, werden bestimmte Improvisationsstrukturen mit der Zeit wiedererkannt oder auch wieder verwendet.

Improvisation über Gegenstände

Freie Improvisationen über Gegenstände könnten ähnlich gestaltet werden wie Farbimprovisationen. Wir können uns allerdings auch die Greifbarkeit eines Gegenstands zunutze machen und uns wieder in den Bereich Stegreiftheater hineinbegeben.

a) Improvisation über einen/mit einem Stuhl
   Zur Vorbereitung und Einstimmung stellen wir einen Stuhl hin und betrachten ihn. Was ist an dem Stuhl zu sehen? Wie ist er gebaut, aus welchen Teilen besteht er, welche Farbe hat er, ist er altmodisch oder modern usw.?
   Wie können wir auf einem Stuhl sitzen? Was können wir noch mit einem Stuhl anfangen?

Wie bei der Wortimprovisation über ROT könnten wir viele verschiedene Begriffe sammeln, mit denen es sich wortreich improvisieren ließe.

Wir könnten den Stuhl auch in eine gesungene Bewegungsimprovisation einbauen. Hier ergeben sich verschiedene szenische Möglichkeiten:

- Zwei Personen streiten sich in Fantasiesprache darum, wer auf dem Stuhl sitzen darf.
- Eine Person tritt auf, sieht den Stuhl, geht um ihn herum, probiert verschiedenste Sitzpositionen aus, singt dabei lustig vor sich hin, verbeugt sich und tritt wieder ab.
- Eine junge und eine alte Person unterhalten sich (Fantasiesprache), die alte Person klagt über ihre Zipperlein, die junge Person holt einen Stuhl herbei und bietet ihn der älteren Person als Sitzgelegenheit an.
- Ein Verkäufer will unbedingt seinen Stuhl loswerden und preist ihn in höchsten Tönen an. Wie reagieren die Angesprochenen (genervt,

entzückt, gelangweilt, ängstlich, völlig verrückt ...)?

- Ein Stuhl steht in einer Landschaft, einige Tiere entdecken ihn und spielen mit ihm – Hühner, Affen, Wölfe, Ziegen ... (hier wäre zu beachten, dass ein Stuhl auch umkippen kann, bitte nicht zu wild agieren beziehungsweise den Stuhl gut fixieren oder immer von jemandem festhalten lassen)!
- Anstelle eines Stuhls könnte auch ein Hocker dienen, der ist flexibler einsetzbar (wir können ihn z. B. auch umdrehen und in ihn hineinsteigen).

b) Improvisation mit einem/über einen Ball
Auch hier bieten sich verschiedenste, meist an Bewegung gekoppelte Improvisationsmöglichkeiten:

- Szenario: Zwei oder drei Sportreporter berichten gleichzeitig über ein Ballspiel, das mehrere Kinder (möglichst ganz leise) spielen. Dabei versuchen sie, sich gegenseitig zu übertrumpfen und verfallen immer mehr in Fantasiesprache, bis ein großes Sprachdurcheinander entsteht, was die spielenden Kinder völlig durcheinanderbringt. Sie fallen in die Improvisation mit ein.
- Mehrere Kinder werfen sich gegenseitig einen Ball zu und geben jeweils beim Abwurf ein Geräusch von sich. Das könnten gesungene Töne, emotional gefärbte Laute, Atemgeräusche oder auch Tierlaute sein. Es könnte auch vorher ein bestimmtes Lied ausgewählt werden, das zusammen mit dem Ballwurf in kleine, lustige Abschnitte aufgeteilt gesungen wird. Wer den Ball zugeworfen bekommt, singt an der unterbrochenen Stelle weiter: »Alle mei-« (Ballwurf) »-ne Entchen schwim-« (Ballwurf) – »men« (Ballwurf) »auf dem« etc.
- Im Kreis wird ein Ball geworfen. Wer ihn fängt, spricht/singt das Wort »Ball«, und zwar so, dass es sich vom vorherigen Beitrag unterscheidet. Auch Abwandlungen des Wortes sind dabei erlaubt: z. B. Fußball, Tischtennisball, Ballwurf (letztere Improvisation könnte auch jederzeit mit anderen Wortfamilien umgesetzt werden.).
- Szenario: Ein Ball kullert auf dem Hof eines Bauernhofs herum. Die Tiere wundern sich, begutachten ihn und fangen an, mit ihm zu spielen: Die Katze miaut, spielt mit dem Ball auf Katzenart und rollt ihn zum Pferd hinüber. Das Pferd wiehert und schnaubt und spielt mit dem Ball auf Pferdeart.
- Szenario: Ein Ball fällt aus dem Fenster und macht sich auf eine lange Reise, auf der er verschiedene Abenteuer erlebt. Er begegnet einem Tier, einer Fußballmannschaft, er fällt z. B. ins Wasser, wird herausgefischt, kullert über den Marktplatz.
- Ein großer und ein kleiner Ball regen uns zu einer Improvisation der Gegensätze an:
  großer Ball – lange, lautere, tiefere Töne
  langsame Sprache
  kleiner Ball – kürzere, leisere, höhere Töne,
  raschere Sprache

Wir könnten hier mithilfe grafischer Notation ein kleines Stück komponieren. Auch freies Dirigieren mit zwei Gruppen wäre an dieser Stelle interessant und leicht umsetzbar.

Lustiges Beruferaten

Sicherlich kennen Sie das interessante Spiel Beruferaten? Verschiedenste Berufe werden pantomimisch dargestellt und sollen erraten werden.

Lustiger noch wird dieses Spiel, wenn Sie während der Stegreifimprovisation passende Geräusche produzieren: beim Jäger das Piff-Paff des Gewehrs, beim Bauern das Brummen eines Traktors oder Tierlaute, bei der Zahnärztin das Surren eines Bohrers, beim Kassierer das Klingeln der Kasse, das Klimpern von Geldstücken und das Rascheln von Papiergeld, bei der Gärtnerin das Schnipp-Schnapp der Gartenschere oder das Geräusch eines Rechens im Herbstlaub, beim Frisör das Haareschnippeln und der Fön, bei der Lehrerin das Quietschen der Kreide auf der Tafel...

Wenn Ihre Kinder erfahrener sind, begleitende Geräusche zu improvisieren, könnten die pantomimischen Bewegungen sogar wegfallen.

Cluster-Singen

Ein *Cluster* ist eine dicht an dicht gelegte Ansammlung von Tönen, meist ohne hörbar tonales Zentrum, eine sogenannte *Klangtraube*.

Wenn Sie zusammen mit Ihren Kindern beispielsweise auf m summen oder gemeinsam Hubschrauber spielen (Lippenpropeller) und dabei keine festen Töne vorgeben, entstehen aus der Vielzahl von Tönen Klangtrauben. Für Ohren, die nicht an kontemporäre Musik gewöhnt sind, klingen *Cluster* zuerst etwas dissonant. Je öfter Sie und Ihre Kinder jedoch mit *Clustern* experimentieren, desto rascher lernen Sie die klangliche Vielfalt kennen, die diese interessante Technik bietet.

Cluster können musikalisch vielfältig eingesetzt werden. Beispielsweise beim freien Dirigieren können wunderbar ausdrucksstarke Klangteppiche entstehen. Oder Sie können mithilfe grafischer Notation *Cluster* spannend platzieren. Auch als chorische Einsingübung sind solche aus dem Moment heraus entstehenden Klangtrauben sehr gut zu verwenden. Jede einzelne Stimme darf sich in einer von ihr bevorzugten Tonhöhe aufhalten, alle Stimmen zusammen schaffen ein wandelbares, vagierendes Klanggebilde.

Cluster-Spiele

Bienenstock

Wir bilden einen Summ-Cluster auf m. Viele verschiedene Tonhöhen sind zu hören. Jede Stimme vertritt ihren eigenen Ton und hält zunächst an diesem gegenüber allen anderen Tönen fest. Nun verändern wir die Lautstärke! Zuerst werden wir ganz leise, jetzt klingt der Cluster sehr fein und erinnert an das Summen in einem Bienenstock. Die Bienen fliegen zum Honigsammeln aus! Wir werden lauter, verändern leicht unsere Tonhöhe und gehen nach und nach auf ein stimmhaftes s über. Aus dem Cluster formt sich ein bewegter Klangteppich, die Bienen fliegen über eine Wiese und suchen sich nach Honig duftende Blüten aus. Dort landen sie und arbeiten fleißig. Unser Klangteppich wird leise und klingt sehr geschäftig, wir verharren auf einzelnen Tönen. Jetzt fliegen die Bienen zurück in den Bienenstock! Wieder wird unser Cluster intensiver und bewegter. Im Bienenstock laden wir den eingesammelten Honig ab. Wir verfallen wieder ins Summen und treffen uns schließlich auf einem gemeinsamen Ton.

Fünf Elemente

Feuer – Wasser – Luft – Erde – Metall.

Feuer – wir starten gemeinsam mit einem Cluster auf dem Konsonanten f. Flammen züngeln, brennendes Holz knistert und knackt, Funken stieben auf. Wir öffnen unsere Zisch- und Knisterlaute zum staunenden offenen o hin. Schließlich verlischt unser Feuer auf f.

Wasser – auf ein Zeichen hin gehen wir in einen w-Cluster und danach in ein wandelbares w-Glissando über. Wasser hat das Feuer gelöscht. Von der Quelle zum Meer ist's ein weiter Weg. Zuerst singen wir ganz sanfte, leise Töne auf w, nach und nach steigern wir Tonumfang und Lautstärke, öffnen unser w zum Vokal a, bis unser gedachtes Wasser das Meer erreicht hat.

Luft – über dem Meer verwandelt sich das Wasser durch Sonneneinstrahlung in Dampf, Wolken und Luft. Wir setzen einen leichten, leisen Cluster auf dem Konsonanten l, der sich nach und nach in ein weiches, in die Höhe steigendes u verwandelt. Sanft schwebende Töne auf u stellen Wolken aus Klangtrauben dar. Einzelne Klangtrauben könnten extra dirigiert werden, Wolken schweben übers Meer zum Festland hinüber und sinken in tiefste Lage ab.

Erde – unser u wandelt sich zum hellen e in tiefer und mittlerer Lage. Wir beschreiben flaches Land (lange, gehaltene Cluster), Berge und Täler (unsere Töne glissandieren auf und ab). Unser helles e sinkt ganz tief und geht in ein sanftes ä über. Jetzt befinden wir uns in einer tiefen Höhle.

Metall – dort finden wir Metall! Hell glänzt es uns entgegen, wir setzen einen Cluster auf ng und ahmen die sich durchs Erdreich schlängelnden Metalladern nach. Auf einem gemeinsam gefundenen Ton beenden wir die bunte Improvisation. Der Kreis der Elemente schließt sich: Metall wird mithilfe von Feuer geschmolzen ...

Weitere Improvisationsmöglichkeiten

Neben der Improvisation über konkrete Dinge gibt es natürlich auch die Möglichkeit, über abstraktere Dinge wie z. B. *Gefühle* singend und spielend zu improvisieren. Ähnlich wie bei den vorherigen Anleitungen empfiehlt es sich, vorbereitend passende Begriffe zu sammeln, die sich wie ein roter Faden durch die jeweilige Improvisation ziehen könnten. Auch kleine Szenarien könnten erfunden und gespielt werden.

Nehmen wir z. B. das Gefühl der *Angst*. Wir überlegen uns gemeinsam eine kleine Geschichte:

- Ein Kind ist abends allein zu Hause und hört seltsame Geräusche. Es fürchtet sich sehr, bis sich zum Schluss herausstellt, dass ...
- Wir wollen einen Kuchen backen. Im dunklen Keller liegen die Äpfel. Was hilft uns gegen die Angst? Ein spontan erfundenes Anti-Angst-Lied!

Auch das Thema *Zeit* bietet viele Möglichkeiten der Improvisation:

- Rhythmus-Improvisation mit *body* und *mouth percussion* (tickende Uhren)
- szenische Improvisation (zu spät kommen/herumtrödeln/Gegenüberstellung von Hektik und Ruhe ...)
- freie Gestaltung einer Vokalimprovisation über langsam/schnell mithilfe grafischer Notation und/oder mit freiem Dirigieren
- Wortsalat mit Begriffen aus der Wortfamilie »Zeit«

Sicherlich fallen Ihnen und Ihren Kindern viele weitere Themen ein, über die es sich zu improvisieren lohnt!

Konzert mit Haushaltsgegenständen

Ein altbekanntes, lustiges Klangspiel mit allerlei Gegenständen aus dem Haushalt macht nicht nur Spaß, sondern schult zudem das Gehör und regt die Fantasie an.

Welche »Instrumente« fallen uns ein?

- Kochtopf und Kochlöffel
- zwei Topfdeckel
- zwei Klapperlöffel (Kastagnetten)
- an einem Bindfaden dicht an dicht aufgereihte Besteckteile
- verschiedene leere oder mit Wasser unterschiedlich gefüllte Gläser
- mit Klapperdingen (Getreide, kleine Gegenstände) gefüllte Dosen
- Kamm und Seidenpapier
- Schmirgelpapier und Holzbrettchen
- Hammer, Nägel und ein stabiles Stück Holz
- gefüllte Streichholzschachtel (schütteln)
- Knisterpapier (zerreißen, zusammenknüllen, schütteln)
- Behälter mit kleinen Steinchen oder Wasser
- geriffelte Plastikrohre (reiben, schwingen, klopfen)

Sicher kennen Sie und Ihre Kinder noch viele weitere Geräuschemacher! Bekannte Lieder könnten »orchestral« umgesetzt werden, rhythmisch geprägte oder auch frei dirigierte Klangstücke mit unterschiedlichen Gruppen könnten improvisiert werden. Zur klanglichen Untermalung vokaler Improvisationen könnten die »Alltagsinstrumente« prima eingesetzt werden.

Aus dem Stegreif – Gruppenimprovisation für mindestens zwei Personen

Wir stellen gemeinsam aus dem Stegreif eine Fortsetzungsgeschichte dar. Dafür benötigen wir nichts weiter als unsere Fantasie, unsere Stimme und unseren Körper. Als Beispiel folgen zwei Skizzen unterschiedlicher Improvisationsverläufe.

Unsere erste Geschichte beginnt am frühen Morgen. Das erste Kind stellt sich in die Mitte. Mithilfe von Bewegungen und Geräuschen mimt es, gerade aufgewacht zu sein. Es streckt und reckt sich, gähnt ausgiebig und pfeift oder singt ein kleines Lied. Zum Abschluss seiner kleinen Improvisation klatscht es in die Hände.

Jetzt kommt das zweite Kind an die Reihe. Es setzt die Improvisation des ersten Kindes fort, indem es beispielsweise einen Gang ins Badezimmer darstellt. Es schraubt den Wasserhahn auf (tschschsch), putzt sich geräuschvoll die Zähne (sch-g-sch-g), gurgelt laut, tut so, als würde es Wasser ausspucken, und klatscht schließlich in die Hände. Das dritte Kind (oder bei zwei improvisierenden Kindern wieder das erste) führt diese zweite Improvisation fort. Es stellt beispielsweise dar, wie es Frühstück macht: Teller und Besteckteile klappern, ein Spiegelei wird gebraten, Saft wird eingeschenkt, Brot wird getoastet etc. Danach stellt das vierte Kind die Frühstückszeremonie dar. Ein fünftes Kind zeigt den Weg zur Schule oder in den Kindergarten. Was könnte im Verlauf eines Tages alles geschehen?

Ein zweites Beispiel wäre ein Tag im Leben eines Bauern. Der Bauer steht auf, vor dem Frühstück schon melkt er seine Kuh und seine Ziege. Dann lässt er die Tiere auf die Weide. Endlich gibt's Frühstück. Hmmm – die frische Milch schmeckt lecker! Auf dem Hof gibt es viel zu tun. Alle Tiere müssen gefüttert und versorgt werden, vielleicht gibt es Obst und Gemüse oder auch Korn zum Ernten.

Auf diese Weise kann eine beliebig große Improvisationsgruppe einen lustigen, spannenden und bunten Tag darstellen.

Falls einem Kind im Moment der Improvisation keine passenden Geräusche oder Bewegungen einfallen, ist dies überhaupt nicht schlimm, die Gruppe kann ja gemeinsam an der Fortführung der Improvisation basteln.

Selbstverständlich muss nicht jedes Kind an der Improvisation aktiv teilnehmen. Wenn es zu schüchtern ist, könnte es einfach als aufmerksamer Zuschauer die wechselnden Darstellungen mit Applaus belohnen.

Um erste Improvisationen zu vereinfachen, könnte der Verlauf einer Geschichte schon vorher geplant werden. Lustiger und voller Überraschungen ist natürlich eine Improvisation ohne vorherige Absprache.

Tonal gebundene Improvisationen

Rund um die Pentatonische (Fünfton-) Tonleiter

Die Pentatonische Tonleiter findet sich weltweit in fast jeder Musiktradition. Sie besticht durch ihren konsonanten Klang und eignet sich daher hervorragend für erste tonale Übungen und Improvisationen.

Pentatonische Tonleiter auf C

Die Pentatonische Tonleiter (hier auf dem Grundton C gebildet) setzt sich aus fünf Tönen zusammen, hergeleitet aus der Quintschichtung C - G - D - A - E. Sie verzeichnet keine Halbtonschritte und ist daher bestens geeignet, als Melodie oder auch im Zusammenklang aller ihrer Töne dissonanzfrei musiziert zu werden.
Sie kann auf jedem beliebigen Ton aufgebaut werden, beispielsweise auf dem Ton F.

Pentatonische Tonleiter auf F

F-Dur

Aus der F-Pentatonik gebildete Moll-Struktur

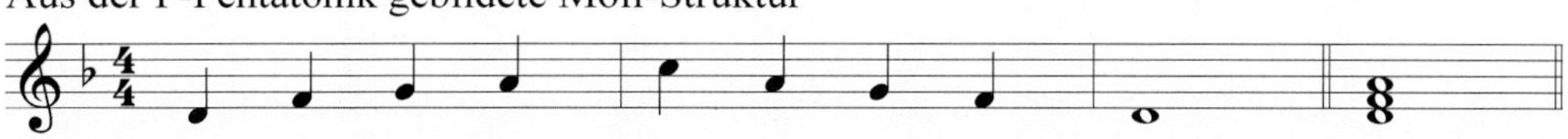

d-moll

Erste melodische Strukturen bilden (Notenkärtchen legen und nachsingen):
Beispiele mit Dur-Charakter

Beispiele mit Moll-Charakter

Improvisation: Glockenklänge imitieren

Wir arbeiten mit der Vorstellung von vier verschieden großen Glocken. Jede Glocke hat ihren eigenen Notenwert, ihren spezifischen Klang und ihre besondere Tonlage. (Silben: bim, bam, bom, wing, wang, wong, wung, ding, dang, dong, klingeling etc.)

Nach dem Zufallsprinzip notierte Beispiele mit der F-Pentatonik-Leiter:

Die unterschiedlich großen, abwechselnd hell oder dunkel klingenden Glocken könnten zuerst gemeinsam ausprobiert werden. Passend zu den Notenwerten könnten während des Singens große und kleine Schritte ausgeführt werden (Gehen im Raum). Anschließend könnten einzelne Klanggruppen einander gegenübergestellt werden (mit oder ohne Dirigat). Am Ende erklingt ein wunderschönes Glockenkonzert.

Die Improvisation könnte abschließend in einen der drei folgenden Kanons münden:

Pentatonik auf C (Dur-Kanon)

Pentatonik auf C (Moll-Kanon)

Fröhlich tönen die Glocken

Freies Spiel mit Melodien

Melodien selbst erfinden macht großen Spaß! Angesichts unendlich vieler Gestaltungsmöglichkeiten und unterschiedlichsten Tonmaterials empfiehlt es sich, "klein" anzufangen. Zu Beginn erwähnten wir die Herstellung von Notenkärtchen, mit deren Hilfe der ungewohnte Umgang mit Noten und Notenwerten spielerisch gestaltet und erleichtert werden könnte. Natürlich genügt auch eine Tafel und ein Stück Kreide oder ein großer Bogen Notenpapier, um alle musikalischen Einfälle zu bannen.

Um erste Melodien zu gestalten, nehmen wir uns folgendes Tonmaterial vor. Verschiedene Beispiele zeigen Ihnen einige melodische Umsetzungsmöglichkeiten.

Tonmaterial

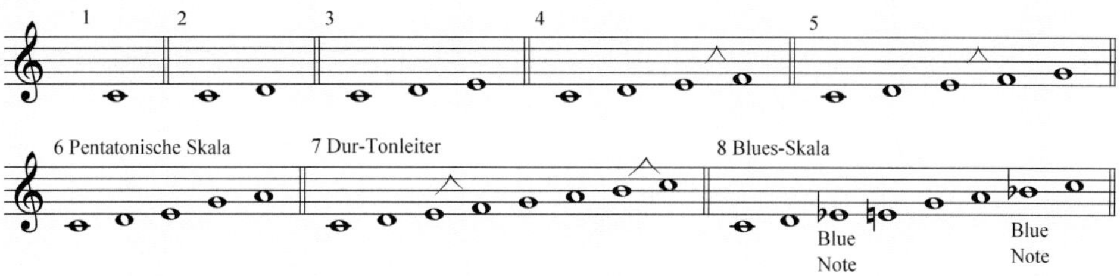

Einige Beispiele

Zur Unterstützung des Gesangs könnten die jeweiligen Melodien instrumental begleitet werden. Für die Schulung des inneren Gehörs wäre es jedoch günstig, nach und nach die Intonationshilfen wegzulassen oder erst nach dem Singen als kleine Hörkontrolle einzusetzen.

Sie werden rasch feststellen, welche Ihrer Kinder musikalisch vorgebildet oder noch ganz unerfahren sind. Bitte haben Sie Geduld, wenn etwas schief klingt, und halten Sie alle Übungen in spielerisch-entspanntem Rahmen. Allein schon das Aussuchen der passenden Notenkärtchen kann sich wie ein Wettspiel gestalten, ebenso könnte ein sängerischer Wettstreit ausgetragen werden: Wer hat die schönste, lustigste, ekligste oder traurigste Melodie erfunden?

Freies Spiel mit Melodien

Melodien selbst erfinden macht großen Spaß! Angesichts unendlich vieler Gestaltungsmöglichkeiten und unterschiedlichsten Tonmaterials empfiehlt es sich, "klein" anzufangen. Zu Beginn erwähnten wir die Herstellung von Notenkärtchen, mit deren Hilfe der ungewohnte Umgang mit Noten und Notenwerten spielerisch gestaltet und erleichtert werden könnte. Natürlich genügt auch eine Tafel und ein Stück Kreide oder ein großer Bogen Notenpapier, um alle musikalischen Einfälle zu bannen.

Um erste Melodien zu gestalten, nehmen wir uns folgendes Tonmaterial vor. Verschiedene Beispiele zeigen Ihnen einige melodische Umsetzungsmöglichkeiten.

Tonmaterial

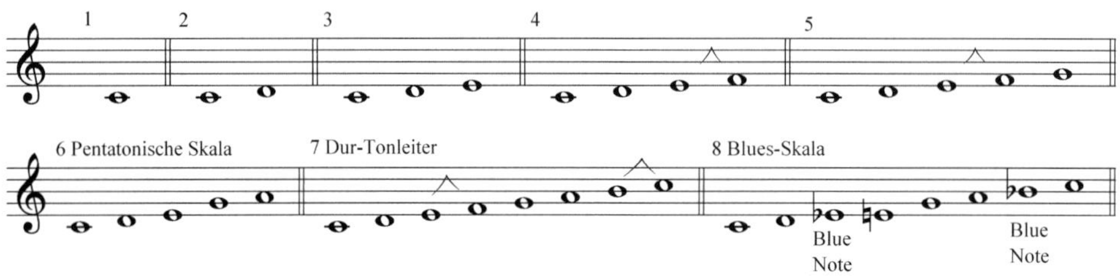

Einige Beispiele

Zur Unterstützung des Gesangs könnten die jeweiligen Melodien instrumental begleitet werden. Für die Schulung des inneren Gehörs wäre es jedoch günstig, nach und nach die Intonationshilfen wegzulassen oder erst nach dem Singen als kleine Hörkontrolle einzusetzen.

Sie werden rasch feststellen, welche Ihrer Kinder musikalisch vorgebildet oder noch ganz unerfahren sind. Bitte haben Sie Geduld, wenn etwas schief klingt, und halten Sie alle Übungen in spielerisch-entspanntem Rahmen. Allein schon das Aussuchen der passenden Notenkärtchen kann sich wie ein Wettspiel gestalten, ebenso könnte ein sängerischer Wettstreit ausgetragen werden: Wer hat die schönste, lustigste, ekligste oder traurigste Melodie erfunden?

Kleine Blues-Melodie auf E

Diese kleine Blues - Melodie ist auf den ersten drei Tönen der Blues-Tonleiter in E aufgebaut. Sie variiert in den einzelnen viertaktigen Abschnitten. Zwischen diesen Abschnitten gibt es einige ausschmückende Übergangstöne. Klar erkennbar ist ihre Ausrichtung nach folgendem Blues-Schema:
I-E7 / I-E7 / IV-A7 / I-E7 / V-H7 - IV-A7 / I-E7 - V-H7) //

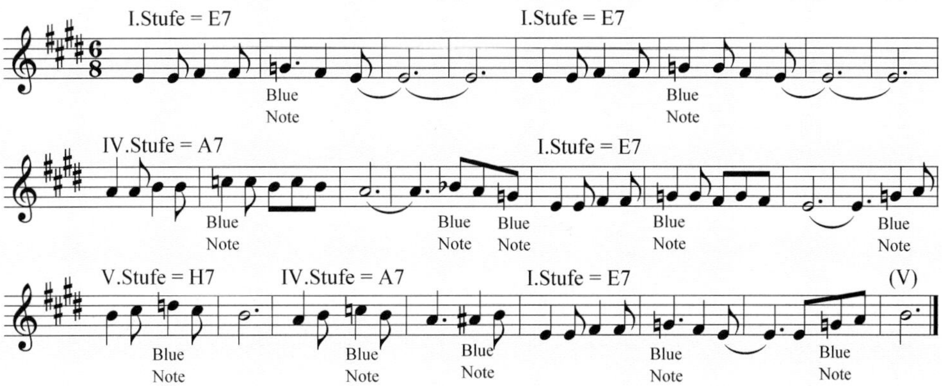

Als Improvisationsmaterial dient uns neben der Pentatonischen Skala auf E (E/ Fis/ Gis/ H/ Cis) die durch Hinzufügen von "Blue Notes" aus ihr hervorgehende, wahrscheinlich ursprünglichste Blues-Skala (auf E):

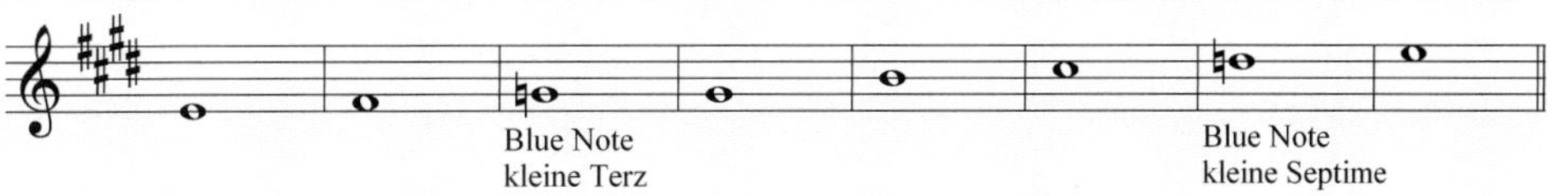

Die "erweiterte" Blues-Skala auf E bietet Notenmaterial für vertracktere, jazzige Improvisationen:

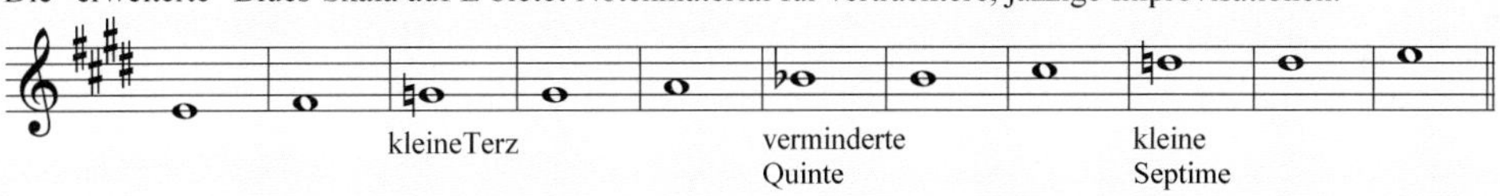

Anhand dieser Vorlage könnten Sie nun folgende improvisatorischen Aspekte mit Ihren Kindern erarbeiten:
- Eine eigene Blues-Melodie erfinden
  Hierzu eignet sich neben obigem 24-taktigen beispielsweise auch das 16-taktige Blues-Schema:
  I / I / I / I / IV / IV / IV / IV / V / V / I V/ IV / I / I / I / I //
- Einen lustigen oder schwermütigen Text dichten (Die Melodie kann rhythmisch angeglichen werden!)
- Ein Blues-Stück in einer anderen Tonart komponieren:

Tonart	Akkord: I	IV	V	Pentatonik /	einfache- /	erweiterte Blues-Skala
C	C7	F7	G7	C-D-E-G-A	C-D-Es-E-G-A-B	C-D-Es-E-F-Ges-G-A-B-H
D	D7	G7	A7	D-E-Fis-A-H	D-E-F-Fis-A-H-C	D-E-F-Fis-G-As-A-H-C-Cis
F	F7	B7	C7	F-G-A-C-D	F-G-As-A-C-D-Es	F-G-As-A-B-H-C-D-Es-E
G	G7	C7	D7	G-A-H-D-E	G-A-B-H-D-E-F	G-A-B-H-C-Des-D-E-F-Fis

- Jedes Kind legt mit Notenkärtchen einen Improvisationstakt. Geschickt aneinandergereiht ergeben die Takte eine Improvisation, die gemeinsam gesungen werden kann.
- Über sämtliche Akkorde eines Blues-Schemas kann mit dessen jeweiliger Grundton-Skala improvisiert werden (z.B. über alle Akkorde eines C-Blues mit einer einzigen Skala auf C)
- Schwieriger wird es, wenn über jedem der Akkorde eine andere, jeweils zum Akkord passende Skala ertönt (C-Akkord = Blues-Skala auf C / F-Akkord = Blues-Skala auf F / G-Akkord = Blues-Skala auf G).

Rock´n Roll in C

Der Rock´n Roll, eine sportive Tanzform aus den 50er Jahren, hat seine Wurzeln im Blues. Dies wird rasch ersichtlich, wenn wir uns die Melodie- und Akkordstruktur unseres kleinen Rock´n Roll-Songs etwas näher betrachten. Ähnlich wie beim Blues-Stück basiert er auf folgendem, in diesem Fall 16-taktigen Blues-Schema:

I / I / I / I / IV / IV / IV / IV / V / V / IV / IV / I / I / I / I //

Seine Melodie beginnt mit einem uns wohlbekannten, aus einer Akkordbrechung entstandenen Motiv. Wie beim Blues spielt auch hier eine "blue note", die kleine Septime, als dissonantes Element eine wichtige Rolle.

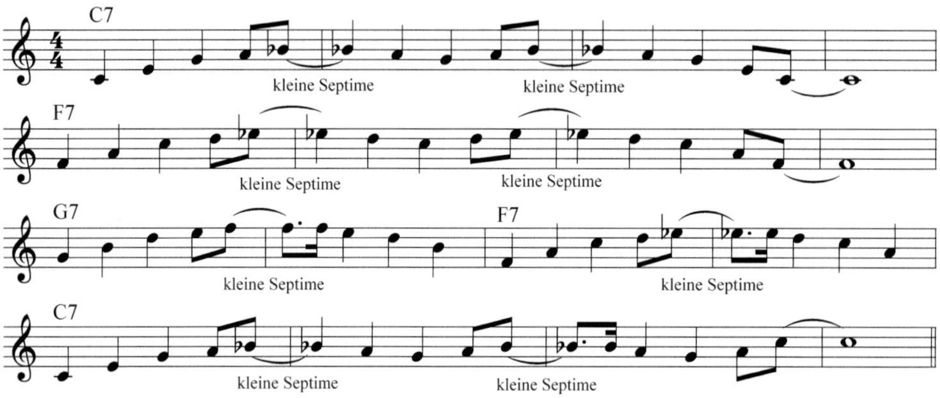

Pentatonischer Popsong

Auch die folgende Melodie könnte auf ein klassisches Blues-Schema, allerdings auch auf eine Kadenz aus dem frühen Jazz-Bereich, zurückgeführt werden: I / I / I / I / IV / IV / IV / IV / II / II / V / V / I / I / I / I // Neu hinzugekommen ist die II.Stufe, ein schöner Moll-Akkord, der uns direkt zu den beliebten Jazz-Standards führt, wo die sogenannte "II-V-I - Verbindung" häufig vorkommt.

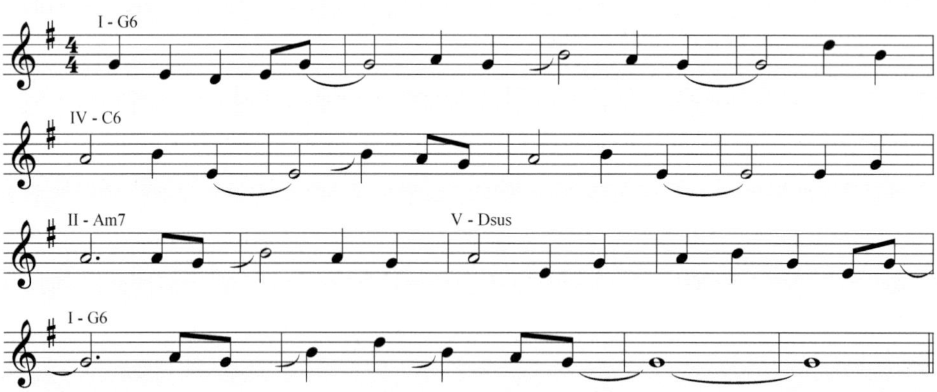

Zusammen mit Ihren Kindern könnten Sie zu obigen Songs freche Texte erfinden, die Melodien abändern oder neu komponieren und natürlich auch über deren Harmonien singend improvisieren. In beiden Fällen stellt die jeweils passende Pentatonische Skala (Rock´n Roll: Pentatonische Skala oder Blues-Skala auf C, Popsong: Pentatonische Skala auf G) für den Anfang das einfachste Tonmaterial dar.
Notenkärtchen oder auch grafische Notation könnten für die melodische Gestaltung hilfreich sein.

turnarounds - kurze Harmonie-Kreisel

Der Begriff " *turnaround* " (wörtlich übersetzt: Umdreher) kommt aus dem Jazz-Bereich und bezeichnet eine kleine Gruppe von Akkorden, die sich ständig wiederholt. Gerade bei Jazz-Standards ist diese Spielart kurz vor Ende des Musikstücks beliebt. Hier darf nocheinmal kräftig soliert werden!
Aus der Menge unterschiedlichster *turnarounds* möchten wir hier vier Modelle als Begleitung für pentatonische Improvisationen vorstellen. Sicherlich kommen sie Ihnen bekannt vor, da diese harmonischen Folgen in vielen Musikstücken aus den Bereichen U-Musik und Jazz auftauchen.

Neben den üblichen Akkordbezeichnungen sind die entsprechenden Stufen als Transpositionshilfe aufgeführt. "I" bezeichnet den Akkord auf dem Grundton der jeweiligen Tonart, in der klassischen Musiktheorie wäre das die "Tonika". Entsprechend steht "IV" für die vierte Stufe oder auch die "Subdominante".
Ein Minuszeichen hinter einem Akkord zeichnet diesen als Moll-Akkord aus. "j7" steht für die große Septime *(major seven)* im Gegensatz zu "7", der kleinen Septime *(minor seven).*

Folgendes Improvisationsbeispiel basiert auf der Pentatonischen Skala auf C, beide *turnarounds* würden als Begleitung passen. Hier sehen wir die Flexibilität der Pentatonik: Da diese Skala keine Halbtonschritte aufweist, passt sie zu verschiedenen Harmonien. Die Scat-Silben sind relativ einfach und offen gehalten, üblicherweise verwendet jede Sängerin und jeder Sänger für die eigene Stimme günstige Silbenkombinationen.

Es folgen zwei weitere *turnarounds* , als Improvisationsmaterial wäre unter anderem die Pentatonische Skala auf F passend. Viel Vergnügen beim Ausprobieren!

Musiktheaterimprovisation

Im folgenden Werk verbinden sich Musik, Schauspiel und Improvisation zu einer lustigen, kleinen Geschichte.

Ein etwas widerspenstiger Mensch (Stimme 4), der anfänglich am gemeinsamen Musizieren keine Freude zu haben scheint, ändert seine negative Haltung im Verlauf des Stücks. Stolz präsentiert er neu Gelerntes, erntet Lob und reiht sich daraufhin freudvoll musizierend ein.

Durch szenenbezogene aktive Beteiligung des Publikums wird dieses wie beim modernen Stegreiftheater sozusagen in die Geschichte mit hineingezogen.

Unterdessen entstehen auf der Hörebene viele spannende Momente: Alltägliche Geräusche mutieren zu musikalisch wertvollen Klängen (beispielsweise bietet einfaches Zeitungspapier – geschüttelt, zerrissen, zerknüllt, geworfen, zerfetzt, aneinandergerieben usw. – schon eine verblüffende Klangvielfalt). Dieser spannende Effekt findet sich längst auch in Kompositionen der Neuen bzw. kontemporären Musik wieder.

Alle Mitwirkenden erleben gleichzeitig spielerisches und anspruchsvolles Musizieren, Schauspielern und Improvisieren. Sie lernen, aufeinander zu hören und gemeinsam einen komplexen Auftritt zu meistern.

Zur Aufführungspraxis

Neben den szenischen Anweisungen, die unabhängig von der musikalischen Ebene gemeinsam erarbeitet werden könnten, gilt es, die einzelnen Geräusche und Materialien gemeinsam kennen und bedienen zu lernen.

Welche Geräusche kann ein metallener Löffel einem Topf entlocken? Wie klingt Wasser, wenn wir es blubbern lassen, wenn es durch unsere Finger rinnt, wenn wir es in ein Gefäß gießen? Welche Geräusche könnten zusätzlich zu den Angaben im Stück improvisiert werden?

Auch die Stimmen 1 bis 4 sollten zuerst im Quartett geprobt werden, damit die einzelnen Klangebenen (Konsonanten und Vokale) sowie der tonale Kanon für eine Aufführung musikalisch gefestigt sind.

Die Partitur könnte gemeinsam in grafisch notierte Einzelstimmen umgewandelt werden. Die Einteilung in einzelne Abschnitte mit Ziffern hilft, bei allen Geschehnissen den roten Faden nicht zu verlieren. Die Dauer der einzelnen Abschnitte sollte vorher abgesprochen und von Dirigentin oder Dirigent jeweils angezeigt werden (z. B. Kärtchen mit Zahlen hochheben). Manche Einheiten dauern vielleicht nur einige Sekunden, andere wiederum könnten eine oder zwei Minuten lang sein.

Die improvisierten Teile sollten fröhlich, gleichzeitig jedoch auch sehr konzentriert musiziert werden. Neben dem schauspielerischen Spaß gilt es ja, das Publikum mit ungewohnten Klängen zu verzaubern.

Nach Erarbeitung und Aufführung dieses kleinen Musiktheaterstücks fällt es Ihnen sicherlich leicht, zusammen mit Ihren Kindern selbst ähnliche Kompositionen zu gestalten!

Musiktheaterimprovisation

Dirigentin/ Dirigent	1 packt den Takststock aus	2 wartet ab, bis alle bereit sind	3 gibt großen Einsatz
1 Packen Zeitungspapier	faltet Zeitungen auf, legt die einzelnen Blätter geräuschvoll zu einem Stapel vor sich hin	Alle sehen zu den Sängerinnen und Sängern hinüber. Sobald diese ruhig geworden sind, blicken alle nach vorn zur Dirigentin bzw. zum Dirigenten.	schüttelt eine Doppelseite
1 Kiste mit 2 großen und vielen kleinen Kieselsteinen	hebt 2 große Kieselsteine aus der Kiste und legt sie sanft, jedoch geräuschvoll vor sich hin		reibt die großen Kiesel aneinander
1 mit Wasser gefüllter Eimer, Glas, Trinkhalm	füllt das Glas geräuschvoll mit Wasser, stellt es vor sich hin und stippt den Trinkhalm hinein		blubbert mit Trinkhalm im Glas
1 großer Topf mit Deckel, Metall-Löffel	hebt geräuschvoll den Deckel vom Topf, holt den Löffel aus dem Topf, legt Deckel und Löffel vor sich hin		rührt mit Löffel die Topf-Innenwand
Stimme 1	Alle sehen zu den Instrumentalistinnen und Instrumentalisten hinüber. Sobald diese ruhig geworden sind, werden umständlich Vorbereitungen getroffen, um die richtige Singposition zu finden.	schüttelt Arme und Beine aus	fffff
Stimme 2		räuspert sich vorsichtig	sssss
Stimme 3		putzt sich die Nase	schschsch
Stimme 4	zieht umständlich einen Kaugummi aus der Hosentasche und wickelt ihn aus	beginnt Kaugummi zu kauen, steckt die Hände in die Hosentaschen, guckt ungerührt ins Publikum	kaut unbekümmert weiter, sieht hierhin und dorthin

		4	5 gibt großen Einsatz
Papier (P)		Alle unterbrechen ihr Spiel und sehen entsetzt zu Stimme 4 hinüber. Dirigent/in geht zu S4 und hält ihr energisch ein Taschentuch wie ein Schüsselchen vor den Mund. S4 seufzt laut und spuckt bedauernd den Kaugummi hinein. Alles begibt sich wieder in Position.	reißt langsam mehrere Seiten in lange Streifen und legt diese ordentlich gebündelt vor sich hin
Stein (S)			greift in die Kiste, nimmt mehrmals zwei Handvoll Steinchen heraus und lässt diese in die Kiste rieseln
Wasser (W)			schüttet das Wasser aus dem Glas zurück in den Eimer, füllt es wieder, schüttet es wieder aus (mehrmals wiederholen)
Topf (T)			legt den Deckel scheppernd auf den Topf, hebt ihn geräuschvoll wieder ab, legt ihn erneut auf den Topf (mehrmals wiederholen)
S1			p-t-k (stimmlos und rasch)
S2			f-s-sch (jeweils einen Atemzug lang)
S3			S4 bietet ein Bonbon an, S3 lehnt energisch ab und intoniert: w (leicht glissandierend, ruhig zwischenatmend)
S4	Lässt laut Kaugummiblasen platzen!		Bietet S3 ein Bonbon an, was abgelehnt wird. Wickelt achselzuckend das Knisterpapier-Bonbon aus (in Zeitlupe!).

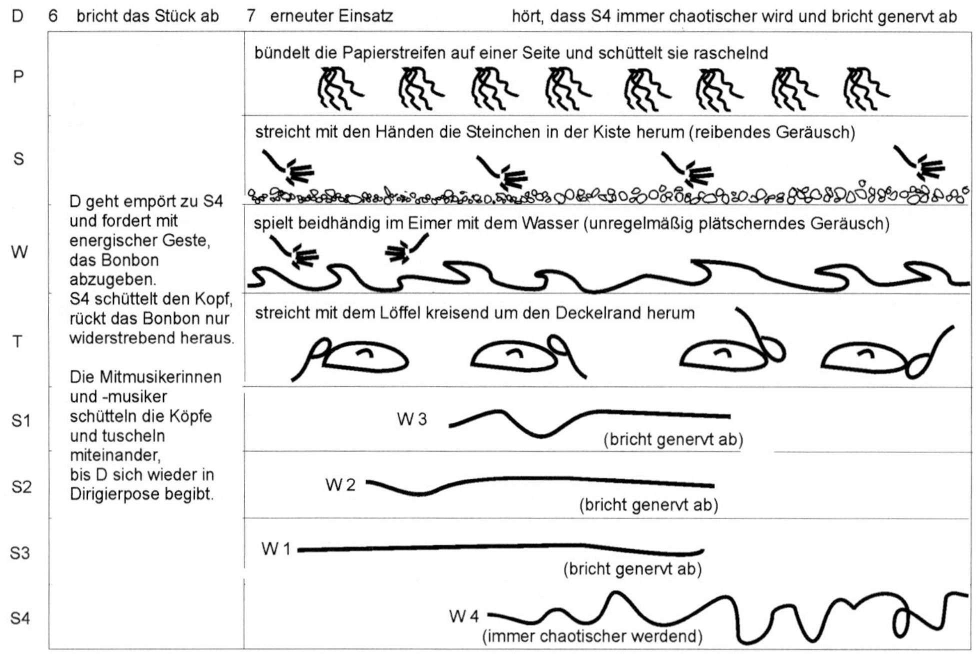

D
6 bricht das Stück ab
7 erneuter Einsatz
hört, dass S4 immer chaotischer wird und bricht genervt ab
P
S
W
T
S1
S2
S3
S4
D geht empört zu S4 und fordert mit energischer Geste, das Bonbon abzugeben. S4 schüttelt den Kopf, rückt das Bonbon nur widerstrebend heraus.
Die Mitmusikerinnen und -musiker schütteln die Köpfe und tuscheln miteinander, bis D sich wieder in Dirigierpose begibt.
bündelt die Papierstreifen auf einer Seite und schüttelt sie raschelnd
streicht mit den Händen die Steinchen in der Kiste herum (reibendes Geräusch)
spielt beidhändig im Eimer mit dem Wasser (unregelmäßig plätscherndes Geräusch)
streicht mit dem Löffel kreisend um den Deckelrand herum
W 3
(bricht genervt ab)
W 2
(bricht genervt ab)
W 1
(bricht genervt ab)
W 4
(immer chaotischer werdend)

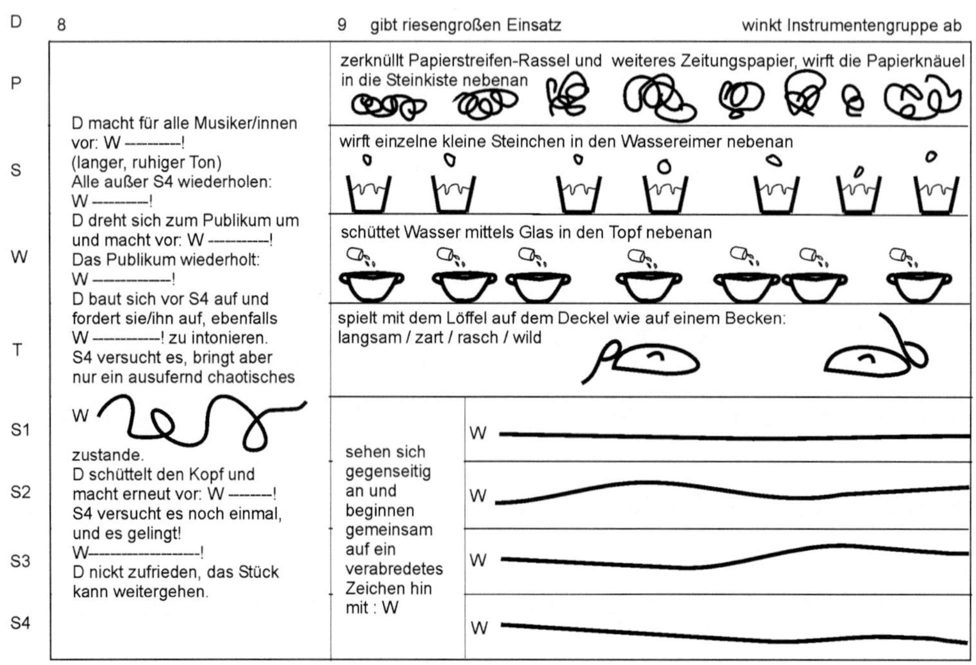

D
8
9 gibt riesengroßen Einsatz
winkt Instrumentengruppe ab
P
S
W
T
S1
S2
S3
S4
D macht für alle Musiker/innen vor: W --------!
(langer, ruhiger Ton)
Alle außer S4 wiederholen: W --------!
D dreht sich zum Publikum um und macht vor: W ---------!
Das Publikum wiederholt: W -----------!
D baut sich vor S4 auf und fordert sie/ihn auf, ebenfalls W ---------! zu intonieren.
S4 versucht es, bringt aber nur ein ausufernd chaotisches
W
zustande.
D schüttelt den Kopf und macht erneut vor: W ------!
S4 versucht es noch einmal, und es gelingt!
W----------------!
D nickt zufrieden, das Stück kann weitergehen.
zerknüllt Papierstreifen-Rassel und weiteres Zeitungspapier, wirft die Papierknäuel in die Steinkiste nebenan
wirft einzelne kleine Steinchen in den Wassereimer nebenan
schüttet Wasser mittels Glas in den Topf nebenan
spielt mit dem Löffel auf dem Deckel wie auf einem Becken: langsam / zart / rasch / wild
sehen sich gegenseitig an und beginnen gemeinsam auf ein verabredetes Zeichen hin mit : W
W
W
W
W

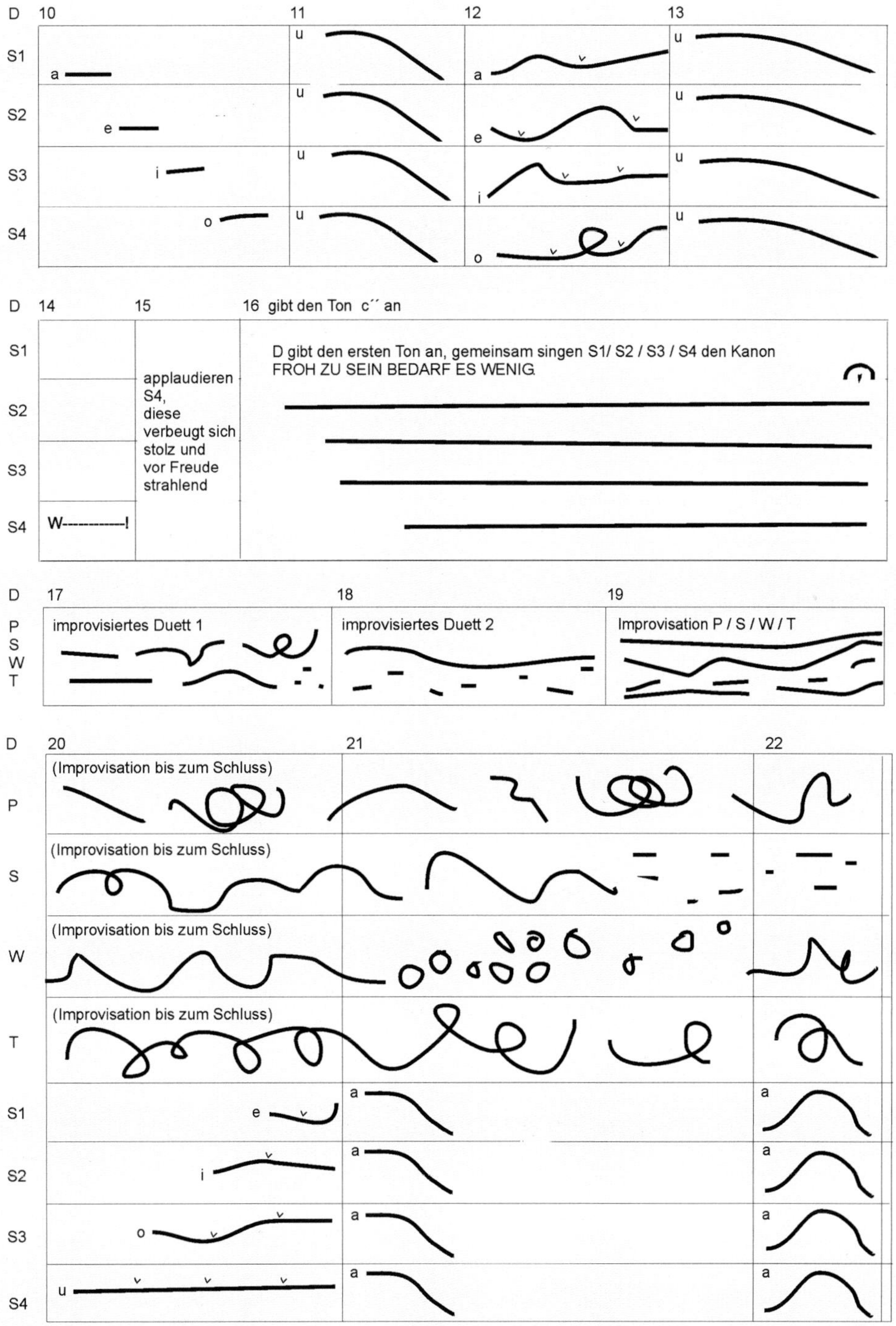

Text/Komposition: Viola de Galgóczy

Musiklernspiel: Im Königreich Musikalien

Lustig-spannendes Musiklernspiel rund um die bekanntesten Kinderlieder zum Buch »Mit Kindern Stimme und Gesang entdecken«

Im Königreich Musikalien, wo alles singt und klingt, gibt es einmal im Jahr einen Wettstreit. Von nah und fern kommen die musikalischsten Leute herbei, um daran teilzunehmen. Es winkt ein wertvoller Preis: Wer den Wettstreit gewinnt, wird vom König zum Hofsingmeister ernannt!

Die schwierige Aufgabe besteht darin, im ganzen Land nach den richtigen Tönen für ein bestimmtes Lied zu suchen und diese auf einem Täfelchen zu sammeln. Wer sein Lied zuerst vervollständigt hat und es auf dem Xylofon spielen kann, darf alle Anwesenden dazu anleiten, das Lied gemeinsam zu singen. Eine Schwierigkeit gibt es dabei: Der Hofnarr Dissonanzius hält die Suchenden immer wieder mit vertrackten Fragen auf, um sie von ihrem Ziel abzubringen. Wem wird es gelingen, den Hofsingmeistertitel zu ergattern?

Spielmaterial (kopieren und selbst gestalten):

- Spielbrett (bitte kopieren)
- Ereigniskärtchen »Dissonanzius« (bitte kopieren)
- eine dissonante Klangquelle (Ratsche, Tröte, Rassel…)
- Xylofon mit aufgeklebten Regenbogenfarbenpunkten (C = Rot, D = Orange…, H = Rosa)
- 4–6 Spielfiguren
- Würfel mit den Zahlen 1–3 (Sechserwürfel präparieren)
- verschiedene Notentäfelchen zum Belegen (Ziel ist es, die obere Notenlinie mit zu den einzelnen Noten passenden, durchsichtigen Farbfolienquadraten zu belegen)
- viele bunte, durchsichtige, Folienquadrate (bitte passend zur Größe der Notenfelder auf den Notentäfelchen zuschneiden, alle Regenbogenfarben und Rosa)

Spielregeln

Start: Jedes Kind stellt seine Spielfigur auf ein beliebiges Feld auf dem Spielplan. Von dort aus wird gewürfelt (Dreierwürfel) und gezogen. Es dürfen mehrere Spielfiguren auf einem Feld stehen.

Notentäfelchen: Jedes Kind zieht verdeckt ein Täfelchen mit einem Lied und legt es vor sich hin. Ziel ist es, die zehn Notenfelder am oberen Rand mit passend bunten Folienkärtchen zu belegen (C = Rot, D = Orange ...). Wem dies zuerst gelingt und wer damit das Spiel gewinnt, darf seine Melodie auf dem Xylofon spielen und alle Anwesenden dirigieren, während diese das Lied gemeinsam singen.

Noten-Feld: Nimm' ein buntes Folienkärtchen aus der Spielfeldmitte und lege es auf das passende Feld auf deinem Notentäfelchen! Spiele den passenden Ton auf dem Xylofon (falschen Ton gespielt – Folienkärtchen wieder abgeben und in der nächsten Runde weiterwürfeln).

Pausenfeld: Nichts geschieht, deine Spielfigur ruht sich aus.

Trötenfeld: Hofnarr Dissonanzius macht höllischen Lärm (das Kind rechts von dir darf den Krachmacher benutzen) und stellt dir eine schwierige Frage, um dich von deiner Suche abzulenken! Bei richtiger Antwort geht's gleich weiter (würfle und ziehe erneut), bei falscher Antwort musst du stehen bleiben und in der nächsten Runde erneut versuchen, eine Frage zu lösen.

doppelte Note: Du darfst dir zwei Folienkärtchen auf einmal nehmen!

Spielerlebnis: Würfelglück, Wettstreit, spannende Ereigniskärtchen, verschiedenste Klang-, Sing- und Hörerlebnisse

Lernspaß: Noten-Farben-Zuordnung, Noten-Xylofon-Klangzuordnung, Erkennen von abgebildeten Musikinstrumenten/musikalischen Schriftzeichen /Lauten und Klängen aus der kindlichen Umgebung, konzentriertes Hören, gemeinsames Singen altbekannter Kinderlieder mit sicherer Tongebung durch das Xylofon

Weitere Melodien: *Der Kuckuck und der Esel/Dornröschen/Widele, wedele/ABC, die Katze.../Backe, backe Kuchen/Häschen in der Grube/Kommt ein Vogel geflogen/Wer hat die schönsten Schäfchen/Der Mond ist aufgegangen/Tra-ri-ra, der Sommer .../Morgen kommt der Weihnachtsmann/Kling, Glöckchen.../He-o, spannt den Wagen an/Weißt du, wieviel Sternlein stehen* usw.

Weitere Ereigniskarten-Themen:

- abgebildete Musikinstrumente (Fotos) benennen
- abgebildete Tiere, Gegenstände lautmalerisch umsetzen
- musikalische Schriftzeichen benennen

Im Königreich Musikalien – Musiklernspiel aus dem Buch »Mit Kindern Stimme und Gesang entdecken«

von G. Friedrich/V. de Galgóczy, Beltz Verlag 2010

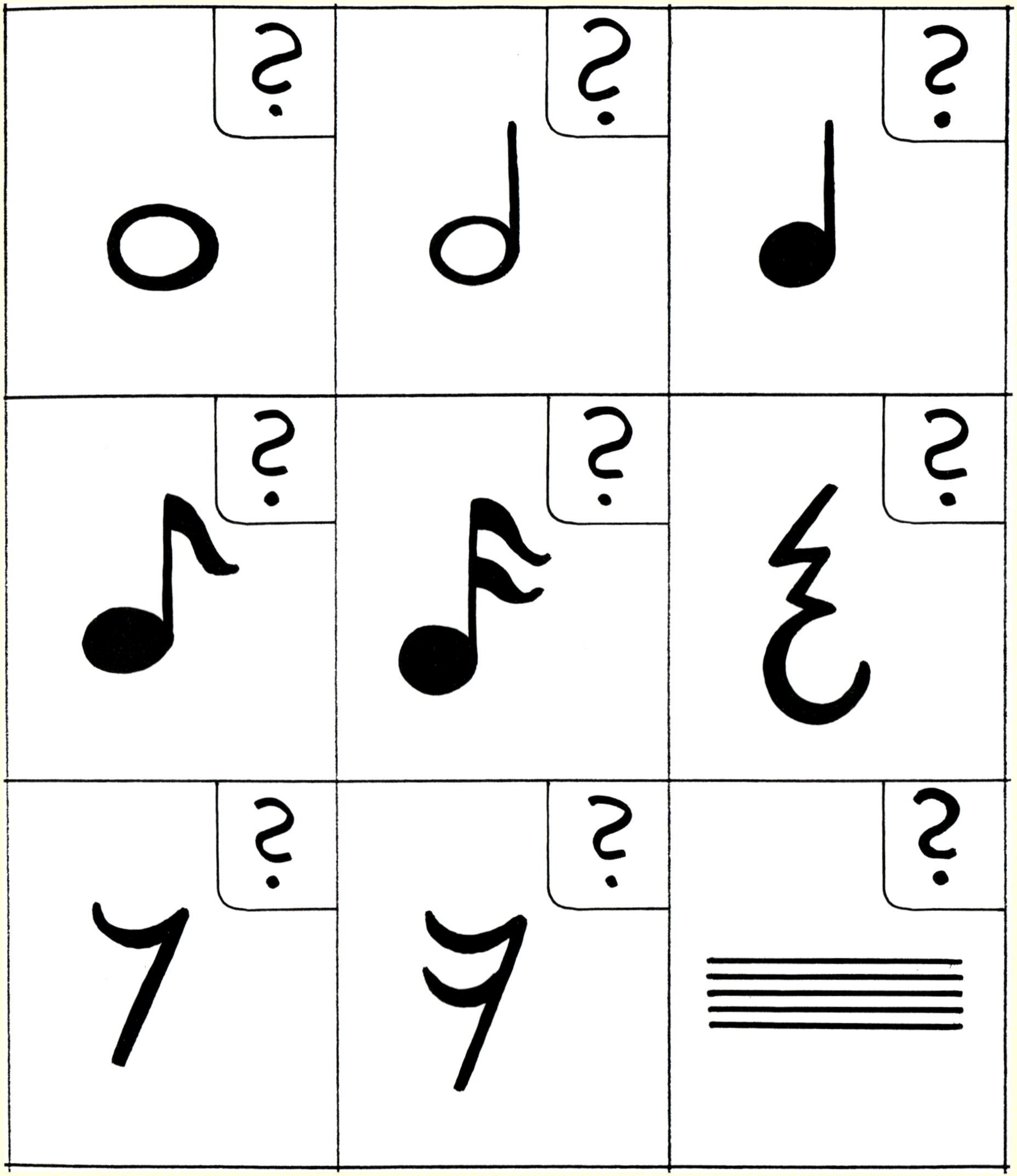

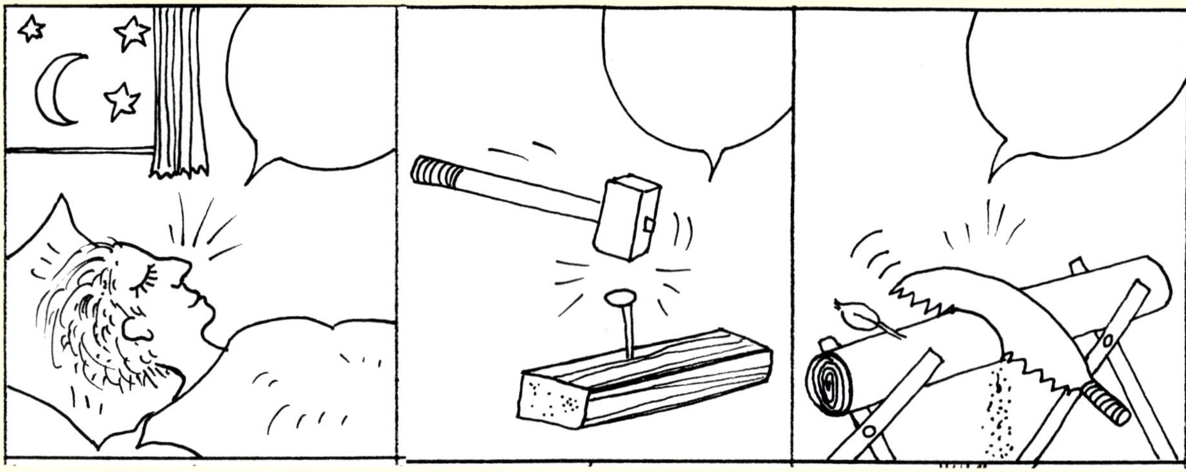

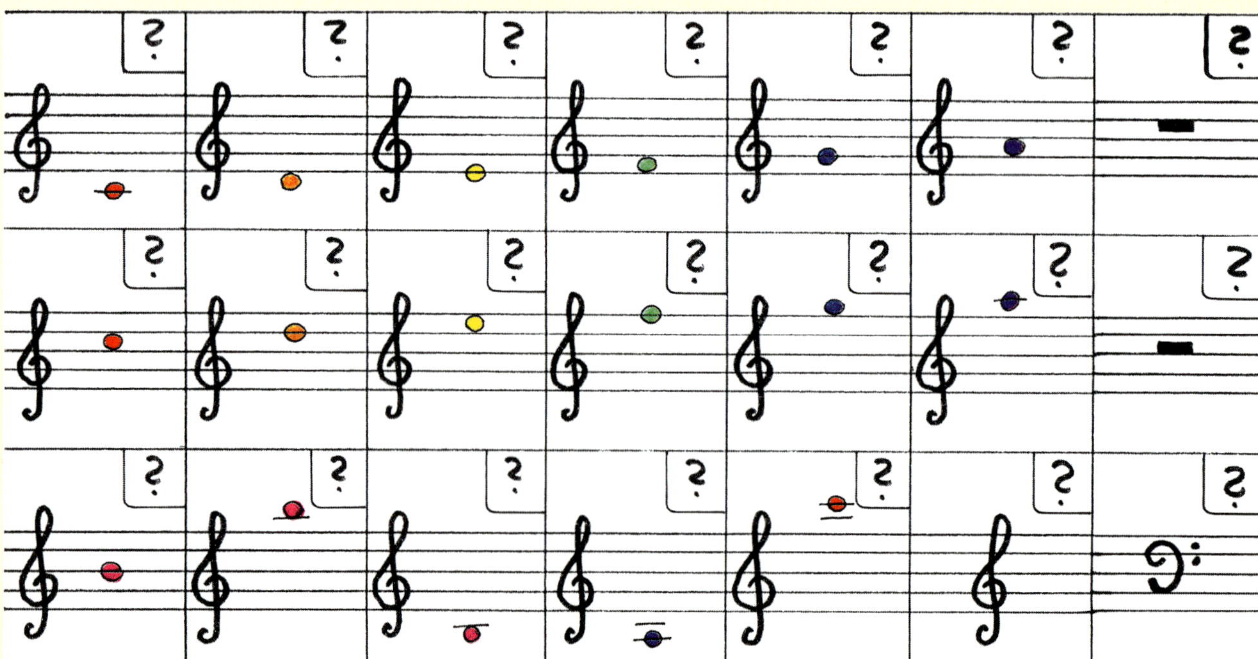

Hänsel und Gretel
Alle Vögel sind schon da
Fuchs, du hast die Gans gestohlen

Bienenlied
Hänschen klein
Kuckuckslied

Inhalt der CD

CD-Track	Titel	Zeit
1	Auf Kalles Bauernhof	6:12
2	Aschenputtel	5:12
3	Hans im Glück	5:22
4	Eisenbahn	5:43
5	Gespensterlied	4:05
6	Zirkus-Lied	7:21
7	Orchester-Kanon	2:30
8	Eine eigene Band	5:17
9	Liedchen über feines Essen	2:45
10	Erzähl mir was	1:12
11	Rap	2:22
12	Freie Improvisation 1	0:46
13	Freie Improvisation 2	0:30
14	Freie Improvisation 3	0:22
15	Freie Improvisation 4	0:20
16	Freie Improvisation 5	1:05
17	Freie Improvisation 6	0:49
18	Freie Improvisation 7	1:05
19	Atemkanon	1:14
20	Sprechkanon	1:12
21	Pentatonik-Kanon in Dur	0:53
22	Pentatonik-Kanon in Moll	0:52
23	Pentatonik-Kanon mit Impro	1:56

Chor in alphabetischer Reihenfolge: *Juliane Baltes, Sarina Jilg, Laura Krumm, Ann-Sophie Lehre, Carolin Mech, Ines Obert, Antonia Petschow, Guillemette Studer, Ann-Kathrin Vögele, Selgine Ni Riain Zinnerren*
Chorleiterin: *Ruth Binder*

Mitwirkende der CD

Chor des Clara-Schumann-Gymnasiums in Lahr

Musikalische Begleitung

Schülerinnen und Schüler der städtischen Musikschule Lahr:
Meike Binder, Violoncello
Philipp von Hodenberg, Horn
Lehrkräfte der städtischen Musikschule Lahr:
Lisa Klevit-Ziegler, Klarinette
Xenia Petersen-Blahuschek, Fagott
Sarah Brolly, Querflöte
Manuel Gruber, Posaune und Tuba
Helmut Dold, Trompete
Ulrich Steurer, Oboe, Englischhorn, Blockflöte und Schlagzeug

Weitere Musikerinnen und Musiker auf der CD:
Gertraude Steurer, Violine und Bratsche
Viola de Galgóczy, Keyboards, Percussion und Vokalimprovisation
Raimund Göppert, E-Gitarre
Thomas Schwarz, E-Bass
Christian Steurer, Keyboards

Tontechnik, Spezialsounds und Abmischung:
Christian Steurer
Komposition, Texte, Arrangement, Notendruck und Aufnahmeleitung: *Viola de Galgóczy*
Produktion: *Gerhard Krämer* (roundabout music), *Gerhard*

Xenia Petersen-Blahuschek

Philipp von Hodenberg

Helmut Dold

Gertraude Steurer

Sarah Brolly

Manuel Gruber

Ulrich Steurer

Thomas Schwarz

Meike Binder

Christian Steurer

Raimund Göppert

Lisa Klevit-Ziegler

Sämtliche Improvisationen wurden ohne vorherige Probenarbeit gesungen und direkt aufgezeichnet.
Im Anhang auf der CD befinden sich Karaoke-Versionen der Lieder Track 1–10 im MP3-Format.

Hinweis:
Einige Multimedia-Programme können verhindern, dass die MP3-Files sichtbar werden. Ist dies der Fall, muss das entsprechende Programm deaktiviert werden.